En las llamas de la discordia: explorando el conflicto entre Israel y Hamás en la Franja de Gaza

Estudio exhaustivo de las raíces, las causas y los impactos globales de un intrincado conflicto contemporáneo, enriquecido con reflexiones sobre el valor de la tolerancia humana durante los períodos de cr

Guerras moder

1. Contexto histórico de la región: desde la creación del Estado de Israel hasta el conflicto actual.

2. Orígenes e ideología de Hamás.

3. Causa inmediata del conflicto actual.

4. Estrategias y tácticas militares utilizadas por ambos bandos.

5. Efectos del conflicto en la población civil.

6. Reacciones de la comunidad internacional ante el conflicto.

7. El papel de los medios de comunicación y la propaganda en la configuración de las percepciones del conflicto.

8. Intentos de mediación y negociaciones de paz.

9. Impacto económico del conflicto en Gaza e Israel.

10. Experiencias personales de quienes viven en medio de un conflicto.

11. Efectos a largo plazo del conflicto en la región.

12. Perspectivas para una solución pacífica y sostenible.

13. Papel de las organizaciones internacionales en la gestión de conflictos.

14. Reacciones de la diáspora palestina e israelí ante el conflicto.

15. Análisis de los tratados y acuerdos anteriores que han influido en la situación actual.

16. Papel de los Estados Unidos y otras potencias mundiales en el conflicto.

17. Posibles implicaciones regionales del conflicto.

18. Historias de refugiados y desplazados por el conflicto.

19. El papel de los recursos naturales y territoriales en la perpetuación de los conflictos.

20. Reflexiones personales sobre la humanidad y la tolerancia en situaciones de conflicto.

El contexto histórico de la región es crucial para entender el conflicto entre Israel y Hamás en Gaza. Estos son algunos puntos clave que podrían incluirse:

1.1 La creación del Estado de Israel en 1948 y la guerra de independencia: Tras la declaración de independencia de Israel en 1948, estalló una guerra entre las fuerzas israelíes y los países árabes vecinos, incluidos Egipto y Jordania. Esta guerra llevó a la creación del Estado de Israel y al flujo de cientos de miles de refugiados palestinos.

1.2 Ocupación de Cisjordania y la Franja de Gaza: Tras la guerra de 1967, Israel ocupó Cisjordania, Jerusalén Oriental y la Franja de Gaza, lo que creó crecientes tensiones con la población palestina que vivía en estas zonas.

1.3 La intifada de Oslo y las negociaciones: en los años 80 y 90, tuvieron lugar dos intifadas palestinas contra la ocupación israelí, que desembocaron en negociaciones de paz entre los líderes israelíes y palestinos, que culminaron con los acuerdos de Oslo en 1993.

1.4 Retirada unilateral de Gaza: en 2005, Israel evacuó todos los asentamientos y las fuerzas militares de la Franja de Gaza, poniendo fin a la ocupación directa. Sin embargo, mantuvo un control sustancial sobre las fronteras y el acceso a la Franja de Gaza.

1.5 El ascenso de Hamás: Hamás, un grupo islámico palestino, ha ganado poder político y militar en la Franja de Gaza, desafiando la autoridad de la Autoridad Palestina y generando tensiones con Israel. Estos son solo algunos de los momentos cruciales de la historia de la región que han contribuido a dar forma al actual conflicto entre Israel y Hamás en Gaza. Es importante examinar cuidadosamente cómo estos acontecimientos han influido en la dinámica política, social y económica de la región y han contribuido a la situación actual.

1.6 Guerras árabe-israelíes posteriores: después de 1948, la región fue testigo de una serie de conflictos armados entre Israel y sus vecinos árabes, incluidas la guerra de 1956 y la guerra de 1973 (también conocida como la guerra de Kippur). Estos conflictos han contribuido a reforzar las divisiones y las tensiones en la región, lo que ha complicado aún más los esfuerzos de paz.

1.7 Colonización y asentamiento en Cisjordania y Jerusalén Oriental: después de 1967, Israel comenzó a construir asentamientos judíos en los territorios palestinos ocupados, lo que generó tensiones entre la población local y cuestionó la viabilidad de una solución de dos estados.

1.8 Acuerdos de paz de Camp David y Oslo: En 1978, los acuerdos de paz de Camp David supusieron la paz entre Israel y Egipto. Los acuerdos de Oslo de 1993 y las negociaciones subsiguientes sentaron las bases para la autoridad palestina y la autonomía parcial palestina en Cisjordania y Gaza.

1.9 La expansión de los asentamientos y el muro de separación: A pesar de los esfuerzos en pro de la paz, Israel ha seguido ampliando los asentamientos en Cisjordania y construyendo el muro de separación, lo que la comunidad internacional ha impugnado por constituir una violación del derecho internacional y un obstáculo para la paz.

1.10 Segunda Intifada: En 2000, estalló la Segunda Intifada, un levantamiento palestino contra la ocupación israelí, caracterizado por una violencia generalizada y ataques terroristas. Este período de violencia ha dañado aún más la confianza entre las dos partes y ha dificultado el logro de una solución negociada.

1.11 Las elecciones de Hamás y el bloqueo de Gaza: en 2006, Hamás ganó las elecciones legislativas palestinas, lo que provocó una escalada de las tensiones con Israel y la imposición de un bloqueo en Gaza, lo que tuvo graves consecuencias humanitarias para la población civil.

1.12 Conflictos en Gaza: A lo largo de los años, se han producido varios conflictos armados entre Israel y Hamás en Gaza, como la Operación Plomo Fundido en 2008-2009, la Operación Nueva Columna de Arco en 2012 y la Operación Margen Protector en 2014. Estos conflictos han causado graves daños humanitarios y de infraestructura y han contribuido a reforzar el ciclo de violencia en la región.

Estos son solo algunos de los acontecimientos y acontecimientos importantes de la historia de la región que han influido en el conflicto entre Israel y Hamás en Gaza. Comprender este contexto histórico es crucial para analizar la compleja dinámica y las causas fundamentales del conflicto.

1.13 La cuestión de los refugiados palestinos: Tras la creación del Estado de Israel en 1948, cientos de miles de palestinos se vieron obligados a huir o fueron expulsados de sus hogares, convirtiéndose en refugiados en otros países árabes o en la propia Palestina. Este problema de los refugiados sigue sin resolverse y es uno de los temas más conflictivos de las negociaciones de paz.

1.14 Las dimensiones religiosas del conflicto: la región es sagrada para los judíos, los musulmanes y los cristianos, y cuenta con importantes lugares religiosos para las tres religiones. La disputa por los lugares sagrados, como la Explanada de las Mezquitas para los musulmanes y el Muro

Occidental para los judíos, ha añadido una dimensión religiosa al conflicto.

1.15 Divisiones internas palestinas: Las divisiones políticas e ideológicas entre las facciones palestinas, en particular entre Hamás y Fatah, han complicado los esfuerzos por lograr un liderazgo unificado y una estrategia común en la lucha contra la ocupación israelí.

1.16 El papel de los actores regionales: países como Irán, Arabia Saudí y Turquía han influido en el conflicto mediante el apoyo político, financiero y militar a varias facciones palestinas o a Israel, lo que complica aún más el marco regional.

1.17 La construcción del muro de separación: Israel construyó un muro de separación en Cisjordania para protegerse de los ataques terroristas, pero esto creó divisiones físicas y causó malestar en muchas comunidades palestinas, lo que alimentó las tensiones.

1.18 Esfuerzos diplomáticos en pro de la paz: A pesar de los desafíos, se han realizado numerosos esfuerzos internacionales para resolver el conflicto israelí-palestino, incluidas las negociaciones de paz, las conferencias internacionales y las iniciativas de mediación; sin embargo, hasta ahora ninguno de estos esfuerzos ha llevado a una solución duradera.

1.19 La situación humanitaria en Gaza: debido al bloqueo impuesto por Israel y a la inestabilidad política interna, la Franja de Gaza se enfrenta a graves problemas humanitarios, incluida la escasez de alimentos, agua y atención médica, así como a un desempleo generalizado y condiciones de vida extremadamente difíciles para la población civil.

1.20 Violencia cotidiana y tensiones constantes: la vida cotidiana de los habitantes de la región está marcada por la violencia, las incursiones militares, los ataques terroristas y las represalias, lo que alimenta un clima de miedo, sospecha y resentimiento que dificulta que ambas partes encuentren una salida al conflicto.

1.21 Relaciones con la comunidad internacional: el conflicto israelí-palestino ha atraído la atención de la comunidad internacional desde su origen. Los Estados Unidos han sido históricamente un firme aliado de Israel, mientras que muchos países europeos y árabes han apoyado la causa palestina. Las organizaciones internacionales, como la ONU, han desempeñado un papel importante a la hora de tratar de resolver el conflicto, pero con frecuencia se han topado con obstáculos políticos y diplomáticos al tratar de hacer cumplir las resoluciones y promover una paz duradera.

1.22 La cuestión de las fronteras y los territorios en disputa: uno de los puntos cruciales de controversia en el conflicto es la cuestión de las fronteras y los territorios en disputa, en particular Cisjordania y Jerusalén Oriental. Ambas partes reclaman estos territorios como parte integral de su estado, lo que dificulta llegar a un acuerdo sobre las fronteras y el estatuto de estas áreas en las negociaciones de paz.

1.23 El papel de los movimientos no violentos y la resistencia civil: Además de la resistencia armada, también ha habido movimientos de resistencia civil y no violenta tanto en el bando israelí como en el palestino. Entre ellos se incluyen las protestas pacíficas, las huelgas de hambre y las acciones de desobediencia civil, que han intentado llamar la atención sobre la situación y promover una solución pacífica al conflicto.

1.24 Las consecuencias psicológicas del conflicto: La violencia y la inestabilidad crónica han tenido graves consecuencias psicológicas tanto en la población israelí como en la palestina. Muchas personas, especialmente niños, han sufrido traumas y estrés postraumático debido a la exposición a la violencia y a la pérdida de familiares y amigos.

1.25 Iniciativas de reconstrucción y desarrollo: Tras cada ciclo de violencia, se han realizado esfuerzos para reconstruir la infraestructura dañada y promover el desarrollo económico y social en las zonas afectadas. Sin embargo, el ciclo de destrucción y reconstrucción sigue perpetuando un círculo vicioso de pobreza e inestabilidad.

1.26 El papel de los medios de comunicación en el conflicto: los medios de comunicación, tanto locales como internacionales, han desempeñado un papel importante en la configuración de las percepciones y las narrativas del conflicto. El uso de imágenes y narrativas que suelen ser parciales o sesgadas ha contribuido a avivar el conflicto e influir en la opinión pública internacional.

1.27 Las perspectivas de una solución pacífica: a pesar de los desafíos y las divisiones, todavía hay esperanzas y esfuerzos para lograr una solución pacífica del conflicto. Estas incluyen la búsqueda de un acuerdo político basado en la coexistencia y el respeto mutuo, así como el compromiso con el diálogo y el entendimiento mutuo entre las dos comunidades.

1.28 La importancia de la educación y la sensibilización: la educación y la sensibilización son esenciales para promover el entendimiento y la tolerancia entre israelíes y palestinos. Invertir en la educación y la promoción de los valores de la paz y la coexistencia puede ayudar a sentar las bases para una futura generación de líderes y ciudadanos comprometidos con la paz y la justicia.

1.29 La cuestión de los presos: La cuestión de los presos es una cuestión delicada en el conflicto israelí-palestino. Ambas partes han mantenido a presos políticos y militares, lo que ha provocado tensiones y negociaciones para su liberación. Las condiciones de detención y el tratamiento de los presos se han convertido en temas de debate y crítica por parte de las organizaciones de derechos humanos.

1.30 El impacto de la diáspora: La diáspora palestina e israelí desempeñó un papel importante en el conflicto, tanto como defensoras de la causa palestina como de Israel. Las comunidades palestina e israelí en el extranjero han intentado influir en la opinión pública internacional y desempeñar un papel en las negociaciones de paz, aportando perspectivas diferentes y a menudo contradictorias.

1.31 El papel de los recursos naturales: el control de los recursos naturales, en particular el agua, ha avivado las tensiones en el conflicto. La disputa por los recursos hídricos en la región ha contribuido a agravar las divisiones y a complicar los esfuerzos por encontrar una solución negociada.

1.32 La importancia del liderazgo: el liderazgo ha sido fundamental para determinar el curso del conflicto y los esfuerzos de paz. Las acciones y decisiones de los líderes políticos y militares han tenido un impacto significativo en la dinámica del conflicto y en las perspectivas de una resolución pacífica.

1.33 El uso de la tecnología en el conflicto: la tecnología ha desempeñado un papel cada vez más importante en el conflicto israelí-palestino, ya que ambas partes utilizan armas avanzadas, drones, ciberguerra y otras tecnologías para llevar a cabo operaciones militares y de inteligencia. Sin embargo, la tecnología también se ha utilizado con fines civiles, como la comunicación y la movilización política.

1.34 Polarización política y social: el conflicto ha contribuido a aumentar la polarización política y social tanto en Israel como en los territorios palestinos. Las divisiones internas y las diferencias de opinión sobre la gestión del conflicto han dificultado que ambas partes encuentren puntos en común y trabajen juntas en pro de una solución pacífica.

1.35 La importancia de la justicia y la reconciliación: la justicia y la reconciliación son fundamentales para abordar las injusticias del pasado y construir una paz duradera. Trabajar por la verdad, la justicia y el perdón puede ayudar a superar las divisiones y construir un futuro más estable e inclusivo para todos los habitantes de la región.

1.36 El papel de la religión en el conflicto: La religión ha desempeñado un papel complejo en el conflicto, tanto como fuente de inspiración y motivación para ambas partes, como elemento de división y conflicto. Comprender las dimensiones religiosas del conflicto es esencial para abordar sus raíces profundas y promover el diálogo y la comprensión mutua.

1.37 Participación de la sociedad civil: la sociedad civil desempeña un papel crucial en la promoción de la paz y los derechos humanos en la región. Las organizaciones no gubernamentales, los activistas, los artistas y otros miembros de la sociedad civil han trabajado para aumentar la conciencia pública, promover el diálogo intercultural y apoyar las iniciativas de paz y reconciliación.

1.38 La cuestión de los refugiados y las personas desplazadas: el conflicto ha provocado la creación de una gran población de refugiados y personas desplazadas, tanto palestinos como israelíes. La cuestión de los refugiados se ha convertido en uno de los temas más controvertidos y conflictivos del conflicto, y muchas familias luchan por el derecho a regresar a sus hogares y países de origen.

1.39 El impacto del terrorismo y el extremismo: el terrorismo y el extremismo han desempeñado un papel importante en el conflicto, ya que los grupos radicales han llevado a cabo ataques contra civiles e infraestructuras tanto en Israel como en los territorios palestinos. La lucha contra el terrorismo y el extremismo representa un desafío clave para ambas partes en la búsqueda de una paz y una seguridad duraderas en la región.

1.40 La complejidad de las relaciones regionales: el conflicto israelí-palestino tiene lugar en un contexto regional complejo, caracterizado por conflictos interestatales, rivalidades geopolíticas e intereses divergentes. Las relaciones con países como Irán, Turquía, Arabia Saudí y otros actores regionales han influido en el conflicto y en la dinámica de Oriente Próximo en su conjunto.

1.41 La cuestión de las resoluciones de las Naciones Unidas: a lo largo de los años, la Asamblea General y el Consejo de Seguridad de las Naciones Unidas han adoptado numerosas resoluciones sobre el conflicto israelí-palestino. Estas resoluciones abordaron varios temas, incluida la retirada israelí de los territorios ocupados, el reconocimiento de los derechos de los refugiados palestinos y el logro de una solución negociada de dos estados. Sin embargo, muchas de estas resoluciones no se han aplicado plenamente y el Consejo de Seguridad con frecuencia se ha visto paralizado por la falta de consenso entre sus miembros permanentes.

1.42 El desafío de la desinformación y la propaganda: en el conflicto israelí-palestino, ambas partes emprendieron actividades de desinformación y propaganda para influir en la opinión pública nacional e internacional. Esto incluye la difusión de narrativas distorsionadas, la manipulación de imágenes y el uso de una retórica emocional para justificar las acciones militares y demonizar al adversario. La difusión de la desinformación ha complicado aún más la búsqueda de una solución pacífica al conflicto, creando divisiones y alimentando el odio y la desconfianza mutua entre las dos comunidades.

1.43 El papel de las organizaciones internacionales y la sociedad civil: organizaciones internacionales como Amnistía Internacional, Human Rights Watch y Oxfam han desempeñado un papel importantc cn el seguimiento y la documentación de las violaciones de los derechos humanos en el conflicto israelí-palestino. Estas organizaciones han prestado asistencia humanitaria, han apoyado los derechos de las personas refugiadas y de las poblaciones vulnerables y han tratado de promover una solución pacífica y basada en los derechos humanos para el conflicto. Del mismo modo, la sociedad civil, incluidos activistas, académicos, artistas y grupos de base, ha desempeñado un papel crucial en la promoción de la paz, los derechos humanos y la justicia social en la región a través de iniciativas de sensibilización, promoción y movilización popular.

1.44 La cuestión de los derechos humanos y el derecho internacional: el conflicto israelí-palestino plantea importantes cuestiones relacionadas con los derechos humanos y el derecho internacional. Numerosas organizaciones de derechos humanos han documentado y condenado las violaciones de los derechos humanos, incluidos los asesinatos arbitrarios, las detenciones arbitrarias, las demoliciones de viviendas y la confiscación de tierras. Del mismo modo, la ocupación militar israelí de los territorios palestinos ocupados ha sido considerada ilegal por la mayoría de la comunidad internacional y ha suscitado críticas por su duración e impunidad.

1.45 La importancia del diálogo y la reconciliación: el diálogo y la reconciliación son fundamentales para superar las divisiones y construir una paz duradera e inclusiva en la región. Esto requiere un compromiso sincero de ambas partes para superar las diferencias y trabajar juntos para abordar las injusticias del pasado, promover el entendimiento mutuo y construir una base de confianza y respeto mutuo. Las iniciativas de diálogo y reconciliación, incluidas las reuniones comunitarias, los programas educativos compartidos y los proyectos de cooperación económica, pueden ayudar a crear las condiciones para una coexistencia pacífica y próspera entre israelíes y palestinos.

1.46 La importancia del apoyo internacional: el apoyo internacional es esencial para promover una solución pacífica al conflicto israelí-palestino. Esto incluye el apoyo político, financiero y diplomático a las iniciativas de paz y reconciliación, el reconocimiento de los derechos de los palestinos e israelíes y el compromiso de respetar el derecho internacional y los derechos humanos en la región. La participación de la comunidad internacional puede ayudar a crear un entorno favorable para el diálogo y la negociación y a apoyar los esfuerzos en pro de una paz justa y duradera en la región.

1.47 El desafío de la radicalización y el extremismo: la radicalización y el extremismo representan un desafío importante para la seguridad y la estabilidad de la región. La alienación, la desesperación y la falta de perspectivas pueden alimentar sentimientos de resentimiento y venganza, lo que lleva a un aumento de la violencia y el extremismo en ambas partes. Abordar las raíces profundas de la radicalización requiere un enfoque holístico que aborde las causas subyacentes, como la marginación social, la injusticia económica y la discriminación, y promueva alternativas constructivas a la violencia y el extremismo.

1.48 Compromiso con los derechos de los niños y los jóvenes: los niños y los jóvenes son particularmente vulnerables a los devastadores efectos del conflicto israelí-palestino. Muchos crecen en un entorno de violencia, miedo e incertidumbre, y sufren traumas emocionales y psicológicos que pueden tener consecuencias a largo plazo en su bienestar y desarrollo. Proteger los derechos de los niños y los jóvenes, garantizándoles una educación segura e inclusiva, un entorno de vida digno y oportunidades de desarrollo positivas, es esencial para construir una paz duradera y sostenible en la región.

1.49 Desafíos humanitarios en las zonas de conflicto: las poblaciones civiles de las zonas de conflicto, tanto israelíes como palestinas, se enfrentan a graves desafíos humanitarios. La violencia, el bloqueo y las restricciones de circulación tienen un impacto devastador en su vida diaria, con graves consecuencias para el acceso a servicios esenciales como el agua potable, la atención médica y la educación. Las organizaciones humanitarias internacionales y locales trabajan para brindar asistencia y protección a las personas necesitadas, pero se enfrentan a desafíos continuos para llegar a las comunidades más vulnerables debido a las restricciones y las condiciones inestables sobre el terreno.

1.50 El papel de la comunidad internacional en la prestación de asistencia humanitaria: La comunidad internacional desempeña un papel crucial en la prestación de asistencia humanitaria a las poblaciones afectadas por el conflicto israelí-palestino. Organizaciones como el Comité Internacional de la Cruz Roja (CICR), el OOPS y varias ONG trabajan para garantizar que los afectados tengan acceso a servicios básicos como alimentos, agua, atención médica y alojamiento temporal. Sin embargo, la financiación y los recursos para la asistencia humanitaria suelen ser insuficientes para satisfacer las crecientes necesidades de las poblaciones afectadas por la violencia y el desplazamiento forzado.

1.51 El desafío de la violencia de género en los conflictos: las mujeres y las niñas en las zonas de conflicto se enfrentan a riesgos específicos y a graves violaciones de los derechos humanos. La violencia de género, incluida la violencia doméstica, la violación y la violencia sexual, está muy extendida y se utiliza como arma de guerra y control social. Las mujeres y las niñas también suelen ser responsables del apoyo familiar y se enfrentan a graves dificultades económicas y sociales como resultado del conflicto. Abordar la violencia de género y garantizar la protección y la asistencia a las mujeres y las niñas en las zonas de conflicto es esencial para promover la justicia y la dignidad para todos.

1.52 Responsabilidad empresarial en el conflicto: las empresas que operan en los territorios palestinos ocupados suelen participar en violaciones de los derechos humanos y del derecho internacional. Las empresas que prestan servicios de seguridad construyen asentamientos ilegales o explotan los recursos naturales en los territorios ocupados contribuyen a la perpetuación de la ocupación y a la violación de los derechos de los palestinos. La responsabilidad de las empresas de respetar los derechos humanos y las leyes internacionales ha sido objeto de una atención creciente por parte de las organizaciones de derechos humanos y la comunidad internacional, y requiere medidas concretas para garantizar que las empresas no sean cómplices de las violaciones de los derechos humanos en los territorios ocupados.

1.53 Iniciativas de diálogo y reconciliación entre las comunidades: A pesar de las divisiones y las tensiones, ha habido numerosas iniciativas de diálogo y reconciliación entre las comunidades israelí y palestina. Estas iniciativas incluyen reuniones entre líderes religiosos, diálogos interculturales, intercambios culturales y proyectos conjuntos de desarrollo comunitario. Si bien estas iniciativas pueden encontrar la resistencia de los extremistas y los grupos radicales, son esenciales para promover el entendimiento mutuo, tender puentes entre las comunidades y crear las bases para una coexistencia pacífica y próspera en la región.

1.54 La necesidad de abordar las raíces profundas del conflicto: para resolver el conflicto israelí-palestino de manera duradera, es esencial abordar sus raíces profundas, incluidas la ocupación militar, el derecho de los refugiados palestinos, el futuro de Jerusalén y la seguridad de ambas partes. Esto requiere un compromiso político sincero por parte de los líderes israelíes y palestinos, así como el apoyo de la comunidad internacional, para abordar estas cuestiones de manera justa y sobre la base de los principios de justicia, dignidad y derechos humanos para todos.

Para concluir, el conflicto israelí-palestino es extremadamente complejo y tiene sus raíces en una larga e intrincada historia de rivalidad, ocupación, violencia y sufrimiento humano. Las razones del conflicto son muchas y las soluciones son desafíos inmensos y complejos que requieren un compromiso político, social, económico y moral por parte de todas las partes involucradas.

Abordar las raíces profundas del conflicto requerirá un enfoque holístico que aborde cuestiones clave como la ocupación militar, el derecho de los refugiados palestinos, el futuro de Jerusalén y la seguridad de ambas partes. Esto requiere un diálogo abierto y constructivo entre israelíes y palestinos, con el apoyo de la comunidad internacional, para encontrar soluciones equilibradas y justas que respeten los derechos humanos y promuevan la paz y la prosperidad para ambas comunidades.

Al mismo tiempo, es esencial abordar los desafíos humanitarios inmediatos en las zonas de conflicto, garantizando el acceso a servicios básicos como el agua, la atención médica y la educación para las poblaciones civiles afectadas por la violencia y el desplazamiento forzado. Esto requiere un compromiso continuo por parte de las organizaciones humanitarias internacionales y la comunidad internacional para brindar asistencia y protección a quienes lo necesitan.

Por último, es esencial promover el diálogo, la reconciliación y el entendimiento mutuo entre las comunidades israelíes y palestinas, creando espacios para una confrontación abierta y constructiva, el intercambio de experiencias y la construcción de puentes de confianza y solidaridad. Solo mediante un compromiso colectivo con la paz y la justicia, basado en los valores fundamentales del respeto, la igualdad y la dignidad para todos, podemos esperar superar el conflicto israelí-palestino y construir un futuro mejor para las generaciones futuras.

2. Orígenes e ideología de Hamás.

Hamás, acrónimo de «Harakat al-Muqawama al-Islamiyya» en árabe, que significa «Movimiento de Resistencia Islámica», es una organización político-militar palestina activa en la Franja de Gaza y otras partes de los territorios palestinos. Hamás se fundó en 1987 durante la primera intifada contra la ocupación israelí y se ha convertido en una de las principales organizaciones políticas y de resistencia palestinas.
La ideología de Hamás se basa en una interpretación extremista del Islam, combinada con un fuerte nacionalismo palestino. El objetivo declarado de Hamás es la creación dc un estado palestino basado en la ley islámica (sharia) en toda la Palestina histórica, que incluye al actual Israel. Además, Hamás se opone explícitamente a la presencia y existencia del Estado de Israel, por considerarlo ilegítimo e ilegal.

Hamás tiene una larga historia de ataques terroristas contra objetivos civiles israelíes, incluidos atentados suicidas con bombas, lanzamientos de cohetes y otras acciones violentas. La comunidad internacional ha condenado estos ataques calificándolos de actos de terrorismo. Muchos países, incluidos los Estados Unidos, la Unión Europea e Israel, han designado a Hamás como organización terrorista. Su presencia y sus actividades se consideran una amenaza para la seguridad y la estabilidad de la región.

Hamás nació como un ala de la organización de los Hermanos Musulmanes en Palestina, pero a lo largo de los años ha desarrollado su propia identidad y estructura organizativa. Inicialmente, Hamás surgió como un movimiento de resistencia popular que ofrecía servicios sociales, asistencia humanitaria y apoyo a las familias de los mártires. Esta presencia sobre el terreno ha ayudado a lograr el consenso y el apoyo popular, especialmente entre los sectores más desfavorecidos de la sociedad palestina.

Una de las características distintivas de Hamás ha sido su combinación de actividades políticas y militares. Al tiempo que participaba en las elecciones democráticas palestinas y obtenía una representación significativa en el gobierno local, Hamás ha mantenido un brazo armado activo, conocido como la Brigada al-Qassam, que ha llevado a cabo operaciones militares contra Israel.

La organización también ha desarrollado una amplia red de instituciones sociales, que incluye escuelas, hospitales, clínicas y centros de asistencia social, que han ayudado a consolidar su apoyo entre la población palestina. Estos servicios sociales se han considerado una forma de contrarrestar la influencia del corrupto e ineficaz gobierno palestino, mejorar las condiciones de vida de las personas y promover la ideología islámica de Hamás.

A lo largo de los años, Hamás se ha enfrentado a importantes desafíos y cambios. Tras ganar las elecciones parlamentarias palestinas de 2006, Hamás tomó el control de la Franja de Gaza en 2007 tras violentos enfrentamientos con el partido rival Fatah, que controla la Autoridad Palestina en Cisjordania. Esto ha llevado a una división política entre Gaza y Cisjordania: Hamás gobierna con autoridad en la Franja de Gaza mientras Fatah permanece en el poder en Cisjordania.

En los últimos años, Hamás ha intentado equilibrar sus actividades militares con iniciativas políticas y diplomáticas. Participó en varios intentos de mediación y negociación para llegar a una tregua con Israel y resolver el conflicto israelí-palestino. Sin embargo, sus políticas expansionistas, su negativa a reconocer a Israel y su continua adhesión a la violencia han obstaculizado los esfuerzos por encontrar una solución pacífica y negociada al conflicto.

A pesar de la presión internacional y los desafíos en el frente interno, Hamás sigue siendo una fuerza importante en la política palestina y sigue ejerciendo una influencia considerable en la Franja de Gaza. Su ideología islamista y su compromiso con la resistencia armada contra Israel representan un desafío continuo para la estabilidad y la seguridad de la región.

Hamás surgió como respuesta a la frustración y la desesperación de los palestinos por la ocupación israelí y la falta de progreso en las negociaciones de paz. Durante la primera intifada, el creciente sentimiento nacionalista palestino llevó a la formación de grupos de resistencia, incluido Hamás, que intentaron combatir la ocupación israelí mediante la resistencia armada y el reclutamiento de seguidores basados en una ideología islámica radical. La organización ha evolucionado a lo largo de los años, adoptando un enfoque multifacético para perseguir sus objetivos. Por un lado, Hamás ha seguido realizando ataques contra Israel, incluido el lanzamiento de cohetes desde la Franja de Gaza y los ataques terroristas contra objetivos civiles israelíes. Por otro lado, ha desarrollado una red de servicios sociales e instituciones caritativas para lograr el consenso popular y el apoyo de la población palestina, especialmente en los territorios ocupados.

Hamás también ha intentado posicionarse como una alternativa al gobierno palestino dominado por Fatah, promoviendo una agenda política basada en la ideología islamista y la resistencia armada contra la ocupación israelí. Su victoria en las elecciones parlamentarias palestinas de 2006 supuso un punto de inflexión, ya que llevó a Hamás al poder y creó tensiones políticas y conflictos internos entre Hamás y Fatah.

Sin embargo, el control de Hamás sobre la Franja de Gaza ha generado una serie de

desafíos, incluido el bloqueo israelí y
egipcio, que ha limitado el acceso a bienes
y servicios para la población local y ha
contribuido al deterioro de las condiciones
socioeconómicas de la región. Además,
Hamás ha recibido críticas por su gobierno
autoritario y por la represión de las voces
disidentes y los derechos humanos en la
Franja de Gaza.

En los últimos años, Hamás ha intentado
diversificar sus estrategias, buscando
mejorar las relaciones con otros actores
regionales e internacionales, incluidos
algunos países árabes y Turquía. También
expresó su interés en entablar
negociaciones indirectas con Israel para
lograr una tregua a largo plazo y mejorar
las condiciones de vida en la Franja de
Gaza.
Además, Hamás ha intentado presentarse
como un actor político legítimo,
participando en las conversaciones de
reconciliación con Fatah y otros grupos
palestinos y apoyando las iniciativas en

favor de la unidad nacional palestina. Sin embargo, las tensiones entre Hamás y Fatah, junto con las divisiones ideológicas y la falta de confianza mutua, han obstaculizado los esfuerzos por lograr una reconciliación completa y por la formación de un gobierno palestino unido.

En resumen, Hamás sigue siendo un actor político y militar importante en la región, con un profundo impacto en la política palestina y en la situación del conflicto israelí-palestino. Su evolución ideológica y estratégica a lo largo de los años refleja los desafíos y las oportunidades a los que se enfrenta para perseguir sus objetivos de resistencia contra la ocupación israelí y lograr los intereses palestinos.

Hamás tiene raíces profundas en la historia de Palestina, pero ha adquirido notoriedad e influencia significativas, especialmente después de su fundación en 1987. Inicialmente, Hamás nació como respuesta a la creciente insatisfacción percibida de la población palestina con las negociaciones de paz con Israel y a la falta de avances tangibles hacia la creación de un estado palestino independiente.

Su principal fundador, el jeque Ahmed Yassin, fue un líder espiritual palestino y uno de los miembros fundadores de la Hermandad Musulmana en Palestina. Hamás se basa en una ideología islámica radical, con el objetivo declarado de liberar a toda Palestina de la presencia israelí y establecer un estado islámico en un territorio considerado sagrado.

Hamás se ha ganado el apoyo popular al ofrecer servicios sociales y asistencia humanitaria a las comunidades palestinas, especialmente en tiempos de crisis y conflicto. Ha establecido escuelas, hospitales, clínicas y programas de apoyo económico, proporcionando así una red de seguridad social para los palestinos afectados por la pobreza, la ocupación y la violencia.

Sin embargo, Hamás también ha sido criticado por el uso de la violencia y el terrorismo como herramientas para lograr sus objetivos políticos. Ha llevado a cabo numerosos atentados suicidas con bombas, tiroteos y ataques con cohetes contra objetivos civiles israelíes, que han causado la muerte y lesiones a muchas personas inocentes. Estas acciones han suscitado la condena internacional y han ayudado a perpetuar el ciclo de violencia en el conflicto israelí-palestino.

A pesar de las divisiones internas entre Hamás y otros grupos palestinos, como Fatah, y de las tensiones con la comunidad internacional, Hamás ha seguido siendo una fuerza política y militar importante en la Franja de Gaza y más allá. Mantuvo el control de su base de apoyo gracias a su combinación de actividades caritativas, resistencia armada y retórica nacionalista y religiosa.

En los últimos años, Hamás ha intentado equilibrar su compromiso con la resistencia armada con iniciativas políticas y diplomáticas. Participó en conversaciones indirectas con Israel y expresó su interés en una tregua a largo plazo, manteniendo al mismo tiempo su objetivo final de liberar toda Palestina. Sin embargo, los desafíos siguen siendo enormes y la situación sigue siendo extremadamente compleja, por lo que es necesario abordar las raíces profundas del conflicto y encontrar soluciones justas y duraderas para todas las partes involucradas.

Hamás tiene raíces profundas en la historia y la sociedad palestinas. Surgió en respuesta a una serie de factores, incluida la continua ocupación israelí de los territorios palestinos, la falta de progreso en las negociaciones de paz y la creciente insatisfacción de la población palestina con la situación política y económica. La organización se desarrolló en un contexto de opresión y desesperación, en el que muchos palestinos buscaban una alternativa a los partidos tradicionales, como Fatah, a los que consideraban incapaces de garantizar sus derechos y su bienestar.

El movimiento encontró apoyo especialmente entre los sectores más desfavorecidos de la sociedad palestina, y ofreció servicios sociales y asistencia humanitaria que el gobierno palestino no pudo garantizar de manera efectiva. Esto ayudó a consolidar el consenso popular en torno a Hamás, a pesar de que sus tácticas de resistencia armada generaban divisiones y eran criticadas por algunos sectores de la sociedad palestina y la comunidad internacional.

Hamás también ha desempeñado un papel importante en la configuración de la identidad nacional palestina, promoviendo una visión del Islam como parte integral de la lucha por la liberación nacional y la justicia social. Aprovechó la retórica religiosa y nacionalista para movilizar el apoyo popular y justificar sus acciones contra Israel.

La organización también ha enfrentado desafíos internos y externos a lo largo de los años. Las tensiones con Fatah y otros grupos palestinos han provocado conflictos armados y divisiones políticas, lo que ha debilitado la cohesión interna y la capacidad de actuar como un frente unido contra Israel. Además, Hamás ha estado bajo la presión de la comunidad internacional, que la ha catalogado como organización terrorista y ha intentado aislarla política y financieramente.

A pesar de estos desafíos, Hamás ha mantenido una fuerte presencia en la Franja de Gaza y ha seguido ejerciendo una influencia significativa en la política palestina. Su capacidad para adaptarse a las cambiantes circunstancias políticas y movilizar el apoyo popular sigue siendo una fuerza formidable en el panorama político de Palestina. Sin embargo, su compromiso con la resistencia armada y la retórica extremista siguen obstaculizando los esfuerzos por encontrar una solución pacífica al conflicto israelí-palestino.

En conclusión, Hamás representa una fuerza política y militar importante en la Palestina contemporánea, con profundas raíces en la historia y la sociedad palestinas. Nacido como respuesta a la frustración y la desesperación de los palestinos con respecto a la ocupación israelí y a la falta de avances en las negociaciones de paz, Hamás se ha ganado el apoyo popular al ofrecer servicios sociales y asistencia humanitaria, al tiempo que mantiene su compromiso con la resistencia armada contra Israel.

Sin embargo, la organización se ha enfrentado a desafíos internos y externos a lo largo de los años, incluidos los conflictos con otros grupos palestinos y la presión de la comunidad internacional. A pesar de ello, Hamás ha mantenido una fuerte presencia en la Franja de Gaza y ha seguido ejerciendo una influencia significativa en la política palestina.

El futuro de Hamás y del conflicto israelí-palestino sigue siendo incierto y complejo. Si bien la organización ha demostrado cierta flexibilidad y ha expresado su interés en una tregua a largo plazo con Israel, su compromiso con la resistencia armada y la retórica extremista siguen constituyendo obstáculos importantes para los esfuerzos en pro de una solución pacífica y negociada del conflicto.

Abordar las raíces profundas del conflicto y encontrar soluciones justas y duraderas requerirá un compromiso sincero por parte de todas las partes involucradas, incluido Hamás, junto con la comunidad internacional. Solo mediante el diálogo, la negociación y el respeto mutuo de los derechos y las aspiraciones de ambas partes podemos esperar lograr una paz sostenible y una estabilidad duradera en la región.

3. Causa inmediata del conflicto actual.

La causa inmediata del actual conflicto entre Israel y Hamás puede identificarse en una serie de acontecimientos que han provocado un aumento de las tensiones y los enfrentamientos armados entre las dos partes. Uno de los principales factores desencadenantes fue el deterioro de las relaciones entre Israel y los palestinos en Jerusalén Oriental, en particular en Sheikh Jarrah y en la Explanada de las Mezquitas, también conocida como el Monte del Templo para los judíos y Al-Aqsa para los musulmanes.

Las tensiones han aumentado tras la decisión de las autoridades israelíes de desalojar a las familias palestinas de sus hogares en Sheikh Jarrah, un barrio predominantemente palestino de Jerusalén Oriental, para dar cabida a los asentamientos judíos. Estas acciones han sido consideradas provocativas e ilegales por la comunidad internacional y han provocado protestas y enfrentamientos entre los palestinos y las fuerzas de seguridad israelíes.

Además, durante el mes sagrado musulmán del Ramadán, se produjeron repetidos enfrentamientos en la explanada de las mezquitas entre fieles musulmanes y las fuerzas de seguridad israelíes, en parte debido a las restricciones de acceso impuestas por las autoridades israelíes y a los temores de los palestinos ante los intentos israelíes de limitar su derecho a la oración y el acceso a los lugares sagrados. Las tensiones alcanzaron su punto máximo cuando Hamás lanzó una serie de cohetes hacia Jerusalén, en respuesta a la violencia contra los palestinos en Sheikh Jarrah y en la Explanada de las Mezquitas. Estos ataqucs han suscitado una fuerte respuesta por parte de Israel, que ha intensificado sus bombardeos contra la Franja de Gaza, controlada por Hamás, en respuesta a los cohetes lanzados por el grupo militante palestino.

La situación se ha deteriorado aún más con la escalada de ataques y bombardeos por ambas partes, que han causado bajas y destrucción tanto en Gaza como en Israel. La escalada del conflicto se ha visto alimentada por una combinación de provocación, represalias y venganza por parte de ambas partes, lo que ha creado un ciclo de violencia que es cada vez más difícil de romper.

Otro elemento clave que contribuyó a la causa inmediata del conflicto fue la decisión de las autoridades israelíes de impedir el acceso a los lugares sagrados durante el Ramadán, una época de gran importancia para los musulmanes. Esta medida provocó enfado e indignación entre los palestinos, que vieron la acción como una provocación y una violación de sus derechos religiosos.

La violenta represión de la policía israelí contra los manifestantes palestinos, incluidos los fieles que se reunían para rezar en la Explanada de las Mezquitas, ha aumentado aún más las tensiones. Los

vídeos que muestran a la policía israelí
entrando en los patios de la mezquita con
granadas aturdidoras y gas lacrimógeno
han suscitado una fuerte condena
internacional y han avivado la indignación
entre los palestinos.

Al mismo tiempo, por otro lado, los
ataques de grupos militantes palestinos,
incluido Hamás, con el lanzamiento de
cohetes contra ciudades israelíes, han
provocado una respuesta rápida y decisiva
por parte de Israel. La escalada de los
ataques aéreos israelíes contra la Franja de
Gaza fue una respuesta a las provocaciones
con cohetes lanzadas por Hamás, que
causaron graves daños y bajas civiles en la
zona.

Además, debe tenerse en cuenta la falta de
una solución política a los problemas que
afligen a la región. El conflicto israelí-
palestino se caracteriza por décadas de
tensión y violencia, con numerosos
intentos de mediación y negociaciones de
paz que no han logrado alcanzar una

solución duradera. Esta falta de progreso en las negociaciones ha contribuido a aumentar la frustración y la desesperación entre los palestinos, alimentando el uso de la violencia como forma de protesta y resistencia.

Por último, hay que tener en cuenta el contexto geopolítico más amplio de la región. Las tensiones regionales, incluida la situación actual en Siria, la creciente participación de Irán y la rivalidad entre Irán e Israel, han contribuido a crear un clima de inestabilidad e incertidumbre que ha alimentado el conflicto israelí-palestino. En resumen, la causa inmediata del actual conflicto entre Israel y Hamás puede atribuirse a una serie de acontecimientos desencadenantes, incluida la violenta represión contra los palestinos en Jerusalén Este, el lanzamiento de cohetes por parte de Hamás y la respuesta militar de Israel, así como la falta de progreso en las negociaciones de paz y el inestable entorno geopolítico de la región.

Un aspecto crucial que alimentó la causa inmediata del conflicto fue la creciente polarización y radicalización de las posiciones de ambas partes. A lo largo de los años, ha habido un aumento del nacionalismo y el extremismo entre israelíes y palestinos, y los grupos radicales han ganado cada vez más poder e influencia. Este clima de radicalización ha hecho que sea más difícil encontrar compromisos y soluciones pacíficas al conflicto.

Además, la ausencia de un liderazgo político fuerte y de una visión compartida para el futuro ha contribuido a la falta de confianza mutua y ha dificultado que las partes involucradas tomen medidas concretas para resolver el conflicto. Las divisiones políticas dentro de ambas comunidades, en las que las facciones rivales tratan de mantener y consolidar su poder, han obstaculizado los esfuerzos por encontrar una solución negociada y pacífica al conflicto.

Otro factor importante fue la percepción de injusticia y discriminación por parte de los palestinos, tanto dentro de los propios territorios ocupados como contra Israel. Las políticas de ocupación israelíes, incluido el control militar de los territorios palestinos y la construcción de asentamientos ilegales, han contribuido a aumentar la ira y la frustración entre los palestinos, alimentando el uso de la violencia como medio de resistir la ocupación.

Por otro lado, Israel ha citado su seguridad como una de las principales razones de sus acciones militares contra Gaza. Los ataques de los grupos militantes palestinos, incluidos los lanzamientos de cohetes contra ciudades israelíes, se consideraron una amenaza directa a la seguridad y el bienestar del pueblo israelí, lo que justificó las respuestas militares de Israel para proteger a sus ciudadanos.

Por último, hay que hacer hincapié en el papel de los medios de comunicación y la propaganda a la hora de perpetuar y amplificar el conflicto. Las narrativas divergentes presentadas por los medios de comunicación israelíes y palestinos han ayudado a crear una percepción distorsionada de la realidad y a reforzar los estereotipos y prejuicios contra el otro. Esto alimentó el ciclo de violencia y represalias, lo que provocó que el conflicto se intensificara cada vez más.

En conclusión, la causa inmediata del actual conflicto entre Israel y Hamás puede atribuirse a una serie de factores, como la polarización y radicalización de las posiciones, la falta de liderazgo político y de una visión compartida para el futuro, la percepción de injusticia y discriminación por ambas partes y el papel de los medios de comunicación y la propaganda en la perpetuación del conflicto.

Además, la causa inmediata del conflicto entre Israel y Hamás es multifactorial y compleja. Incluye una serie de

acontecimientos desencadenantes, como la violencia y las tensiones en Jerusalén Este, el lanzamiento de cohetes por parte de Hamás y la respuesta militar de Israel. Sin embargo, estos acontecimientos son solo la punta del iceberg de una serie de factores más importantes que han contribuido al aumento de la inestabilidad y al deterioro de las relaciones entre las dos partes.
La polarización política y la radicalización de las posiciones, junto con la falta de un liderazgo político fuerte y la ausencia de una visión compartida para el futuro, han hecho que sea más difícil encontrar compromisos y soluciones pacíficas al conflicto. Las divisiones internas entre israelíes y palestinos, junto con la percepción de injusticia y discriminación por ambas partes, han alimentado la ira y la frustración, aumentando la propensión a la violencia y las represalias.
Además, no se puede subestimar el papel de los medios de comunicación y la propaganda a la hora de perpetuar y amplificar el conflicto. Las narrativas

divergentes presentadas por los medios de comunicación israelíes y palestinos han ayudado a crear una percepción distorsionada de la realidad y a reforzar los estereotipos y los prejuicios, alimentando aún más el ciclo de violencia y represalias. Abordar las causas inmediatas del conflicto requerirá un compromiso sincero por parte de ambas partes y de la comunidad internacional para buscar soluciones que aborden las raíces profundas del conflicto y promuevan la paz, la seguridad y la justicia para ambos pueblos. Solo mediante el diálogo, la negociación y el respeto mutuo de los derechos y las aspiraciones de ambas partes podemos esperar lograr una solución duradera y sostenible al conflicto israelí-palestino.

4. Estrategias y tácticas militares utilizadas por ambos bandos.

Las estrategias y tácticas militares utilizadas por ambas partes en el conflicto entre Israel y Hamás son variadas y reflejan la complejidad del actual enfrentamiento armado.
En el lado israelí, las estrategias clave incluyen el uso de la superioridad aérea y tecnológica para llevar a cabo operaciones de precisión contra objetivos militares y la infraestructura de Hamás. Israel ha utilizado sus drones, aviones de combate y sistemas de defensa antimisiles para localizar y atacar los lugares de lanzamiento de cohetes, los túneles subterráneos, los sitios de producción de armas y los comandos militares de Hamás. El objetivo declarado de Israel es proteger a sus ciudadanos y reducir las capacidades militares de Hamás.

Además, Israel ha implementado una política de bombardeos selectivos, tratando de evitar bajas civiles, pero centrándose en dañar las capacidades e infraestructuras militares de Hamás. Sin embargo, a pesar de los esfuerzos por reducir al mínimo las bajas civiles, los bombardeos israelíes han causado un número significativo de muertos y heridos entre la población palestina, lo que ha suscitado críticas y preocupación por el uso excesivo de la fuerza.

Por parte de Hamás, las estrategias y tácticas incluyen el lanzamiento de cohetes y morteros contra ciudades israelíes, con el fin de infligir daños materiales y provocar el pánico entre la población civil israelí. Hamás ha utilizado una amplia gama de cohetes, incluidos algunos con capacidades más avanzadas y un alcance mayor que en el pasado, lo que ha aumentado el alcance de sus ataques.

Además, Hamás ha explotado sus capacidades de guerra asimétrica, incluido el uso de túneles subterráneos para infiltrarse en territorio israelí y llevar a cabo ataques sorpresivos contra las fuerzas de defensa israelíes. Estos túneles también se han utilizado para transportar armas y suministros, lo que hace que a Israel le resulte más difícil impedir el contrabando de material militar hacia la Franja de Gaza.

Hamás también ha adoptado una estrategia consistente en esconder y dispersar su infraestructura militar y a sus combatientes entre la población civil, intentando aprovechar la presencia de civiles como escudos humanos y haciendo que a Israel le resulte más difícil atacar objetivos militares sin causar bajas entre los no combatientes.

Por último, ambas partes han utilizado la propaganda y la guerra psicológica para influir en la opinión pública nacional e internacional y apoyar sus respectivas narrativas del conflicto. Israel ha intentado justificar sus ataques como una legítima defensa contra el terrorismo de Hamás, mientras que Hamás ha intentado presentarse como una fuerza de resistencia contra la ocupación israelí y defensora de los derechos del pueblo palestino.

En resumen, las estrategias y tácticas utilizadas por ambas partes en el conflicto israelí-palestino reflejan la complejidad y la brutalidad del actual conflicto armado, en el que ambas partes buscan aprovechar al máximo sus capacidades y recursos para perseguir sus objetivos e intereses. Sin embargo, el coste humano y la devastación causados por este conflicto siguen siendo altos, con un impacto devastador en la población civil y en la estabilidad de la región.

Ambas partes en el conflicto entre Israel y Hamás han adoptado una serie de estrategias y tácticas militares para perseguir sus objetivos y obtener ventajas en el campo de batalla.

Por parte de Israel, el enfoque principal ha consistido en utilizar su superioridad militar y tecnológica para llevar a cabo operaciones selectivas contra la infraestructura de Hamás. Esto incluye el uso de drones, aviones de combate y misiles guiados para localizar y atacar los sitios de lanzamiento de cohetes, los túneles subterráneos utilizados por Hamás para contrabandear armas y material militar, así como los puestos de mando y control de la organización militante.

Israel también ha empleado tácticas de guerra psicológica, como emitir alertas preventivas mediante llamadas telefónicas y mensajes de texto para advertir a los residentes palestinos del inminente ataque, a fin de reducir al mínimo las bajas civiles y aislar a Hamás del apoyo popular. Además, Israel ha utilizado su sistema de defensa antimisiles Cúpula de Hierro para interceptar y neutralizar los cohetes lanzados desde Gaza, intentando proteger las zonas civiles israelíes de los ataques.

Por otro lado, Hamás ha adoptado una estrategia de guerra de guerrillas y combate asimétrico contra Israel. Esto incluye el lanzamiento de cohetes y morteros contra ciudades israelíes, con el objetivo de alcanzar objetivos civiles y causar pánico y daños materiales. Hamás también ha intentado explotar el terreno y el entorno urbano de la Franja de Gaza para esconder su infraestructura y a sus combatientes, lo que dificulta que Israel los localice y los ataque.

Además, Hamás ha seguido utilizando los túneles subterráneos como táctica clave para llevar a cabo ataques sorpresivos contra Israel, infiltrarse en territorio israelí e introducir armas y suministros de contrabando en la Franja de Gaza. Estos túneles eran uno de los principales objetivos de las operaciones militares israelíes, que pretendían destruirlos para reducir la capacidad de Hamás de llevar a cabo ataques contra Israel.
Al mismo tiempo, Hamás ha intentado aprovechar la presencia de civiles como escudos humanos, ubicando su

infraestructura militar y a sus combatientes en zonas densamente pobladas para minimizar el riesgo de ser atacados por los ataques israelíes y para alimentar el discurso de victimización de los palestinos ante los ojos de la comunidad internacional.

En conclusión, las estrategias y tácticas utilizadas por ambas partes en el conflicto israelí-palestino reflejan la complejidad y la brutalidad del actual enfrentamiento armado. Sin embargo, a pesar de los esfuerzos de ambas partes por perseguir sus objetivos militares, el costo humano y el sufrimiento de la población civil siguen siendo altos, con un impacto devastador en las vidas de los involucrados y en la estabilidad de la región en su conjunto.

Ambas partes en el conflicto también han utilizado sus recursos y capacidades logísticas para llevar a cabo sus estrategias militares. Israel, por ejemplo, tiene una red de inteligencia bien desarrollada que utiliza para recopilar información sobre las actividades de Hamás e identificar objetivos militares. Esta información se usa luego para planificar y llevar a cabo operaciones específicas contra la infraestructura y los miembros de Hamás. Israel también ha destinado considerables recursos financieros a desarrollar y mantener su tecnología militar avanzada, incluido el sistema Cúpula de Hierro, que ha demostrado su eficacia para proteger las zonas civiles israelíes de los cohetes lanzados desde Gaza. Además, Israel ha utilizado su superioridad económica para mantener la capacidad de movilizarse y responder rápidamente a las amenazas procedentes de la Franja de Gaza.

Por otro lado, Hamás ha explotado su red de seguidores y afiliados en Palestina y el mundo árabe para obtener armas, financiación y apoyo logístico. Hamás ha recibido apoyo financiero y político de algunos estados y organizaciones árabes, que comparten su oposición a Israel y su compromiso con la resistencia contra la ocupación.

Además, Hamás ha intentado movilizar el apoyo de la población palestina mediante campañas de propaganda y retórica nacionalista y religiosa. La organización ha promovido una visión del Islam como parte integral de la lucha por la liberación nacional y ha utilizado la retórica de la resistencia y la defensa de los derechos de los palestinos para lograr el consenso popular y apoyar su objetivo de luchar contra Israel.

Hamás también ha intentado diversificar sus fuentes de suministro militar, intentando obtener armas y suministros de diferentes fuentes, incluidas las redes delictivas y los contrabandistas. La organización ha demostrado cierta adaptabilidad y resiliencia al reponer sus fuerzas con armas y material militar, a pesar de los esfuerzos de Israel por

interrumpir el flujo de armas hacia la
Franja de Gaza.

Además, ambas partes han aprovechado el
poder de la comunicación y los medios de
comunicación para influir en la opinión
pública nacional e internacional. Israel ha
intentado presentarse como víctima de la
agresión de Hamás y ha proporcionado
información sobre sus operaciones
militares a través de comunicados de
prensa y sesiones informativas oficiales.
Hamás, por otro lado, ha intentado
presentarse como una fuerza de resistencia
contra la ocupación israelí y ha publicado
imágenes y vídeos sobre las consecuencias
de los bombardeos israelíes sobre la
población civil palestina.

En resumen, las estrategias y tácticas
utilizadas por Israel y Hamás reflejan la
complejidad y la brutalidad del conflicto
israelí-palestino, y ambas partes buscan
aprovechar al máximo sus recursos y
capacidades para perseguir sus objetivos

militares y obtener ventajas en el campo de batalla. Sin embargo, a pesar de los esfuerzos de ambas partes por perseguir sus objetivos militares, el costo humano y el sufrimiento de la población civil siguen siendo altos, con un impacto devastador en las vidas de los involucrados y en la estabilidad de la región en su conjunto.

En conclusión, las estrategias y tácticas militares utilizadas por Israel y Hamás reflejan la complejidad y la brutal realidad del conflicto israelí-palestino. Ambas partes han utilizado sus recursos, capacidades y ventajas estratégicas para perseguir sus objetivos militares y obtener ventajas en el campo de batalla. Israel ha utilizado su superioridad tecnológica, financiera y logística para llevar a cabo operaciones selectivas y proteger a sus ciudadanos, utilizando su red de inteligencia y su sistema Iron Dome para contrarrestar las amenazas provenientes de la Franja de Gaza. Hamás, por otro lado, ha adoptado una estrategia de guerra de guerrillas y combate asimétrico, explotando su red de seguidores y afiliados para obtener armas y financiación y utilizando tácticas de lanzamiento de cohetes y túneles subterráneos para atacar a Israel e infiltrarse en su territorio.

A pesar de los esfuerzos de ambas partes por perseguir sus objetivos militares, el coste humano y el sufrimiento de la población civil siguen siendo elevados. Las operaciones militares han causado un número considerable de bajas civiles, daños materiales y sufrimiento humano, lo que ha avivado el ciclo de violencia y represalias que sigue perpetuando el conflicto. Abordar las causas profundas del conflicto y encontrar una solución pacífica y duradera requerirá un compromiso sincero por parte de ambas partes, junto con la comunidad internacional, para resolver las controversias y construir una paz basada en la justicia, la dignidad y el respeto mutuo de los derechos humanos.

5. Efectos del conflicto en la población civil.

Los efectos del conflicto entre Israel y Hamás en la población civil son extremadamente devastadores y tienen un impacto duradero en la vida de millones de personas, tanto en Israel como en la Franja de Gaza.

En Israel, los ataques con cohetes lanzados desde Gaza han causado miedo, pánico y trauma entre la población civil, especialmente en ciudades cercanas a la Franja de Gaza, como Sderot, Ashkelon y Beersheva. Los frecuentes ataques han obligado a las personas a buscar refugios improvisados y a adaptarse a un estilo de vida que vive constantemente a la sombra de la amenaza. Las sirenas de alarma, que advierten de la necesidad de buscar refugio en caso de un ataque inminente, se han convertido en una parte integral de la vida diaria de muchos israelíes, especialmente de los niños.

Las víctimas de los ataques con cohetes, si bien son relativamente escasas gracias al sistema de defensa antimisiles Iron Dome y a los refugios antiaéreos, han causado pérdidas y lesiones humanas, con consecuencias emocionales y psicológicas a largo plazo para las familias afectadas. Además, los daños materiales a las viviendas, la infraestructura pública y los medios de subsistencia han obligado a muchas personas a vivir en condiciones precarias y han comprometido la estabilidad económica de las comunidades afectadas.

En la Franja de Gaza, los intensos bombardeos llevados a cabo por Israel han causado una devastación a gran escala y han causado graves daños a la infraestructura civil, incluidos los hogares, las escuelas, los hospitales y los sistemas de agua y electricidad. Las operaciones militares han causado un elevado número de bajas civiles, incluidos hombres, mujeres y niños, y decenas de miles de personas desplazadas se han visto obligadas a buscar refugio en centros de emergencia o en hogares de familiares. La población de Gaza ha estado expuesta a condiciones de vida extremadamente difíciles, con una grave escasez de alimentos, agua potable, atención médica y otras necesidades básicas. Las restricciones al acceso humanitario y el cierre de los pasos fronterizos han agravado aún más la crisis humanitaria, limitando la asistencia humanitaria e impidiendo que las personas escapen de la violencia y el sufrimiento. Además, el conflicto ha tenido un profundo impacto psicológico en la población civil, con altos niveles de estrés, ansiedad, depresión y trauma emocional entre los adultos y especialmente entre los niños, que han sufrido una violencia y una pérdida extremas. Las insoportables condiciones de vida y la ausencia de perspectivas de paz y seguridad han contribuido a una sensación generalizada de desesperación y desesperanza entre la población de Gaza.

En conclusión, el conflicto entre Israel y Hamás ha tenido efectos devastadores en la población civil de ambas partes, provocando muertes, lesiones, destrucción de infraestructuras y sufrimiento humano a gran escala. Atender las necesidades humanitarias inmediatas y encontrar una solución política duradera al conflicto siguen siendo desafíos cruciales para garantizar la seguridad y el bienestar de la población civil de la región.

Los efectos del conflicto en la población civil son profundos y complejos, afectan a todos los aspectos de la vida diaria y dejan cicatrices emocionales, físicas y sociales que durarán mucho tiempo.
En Israel, la incesante amenaza de los cohetes lanzados desde Gaza ha creado un clima constante de miedo y ansiedad. Las familias viven con el temor constante de sufrir ataques repentinos y se ven obligadas a buscar refugio rápidamente cada vez que suena la alarma. Las

estructuras públicas y privadas se han adaptado y reforzado para resistir los ataques, y muchas comunidades cercanas a la frontera con Gaza han sufrido una erosión constante de su calidad de vida. Los niños crecen con un nivel de estrés e inseguridad que no es normal para su edad, y muchos adultos sufren problemas de salud mental relacionados con el estrés crónico.

El daño material causado por los cohetes, si bien no es comparable a la destrucción en Gaza, sigue teniendo un impacto significativo en las comunidades involucradas. Las viviendas dañadas deben repararse o reconstruirse, las escuelas y los hospitales deben reconstruirse y la infraestructura pública debe restaurarse. Esto requiere importantes recursos económicos y humanos y puede tener efectos duraderos en la economía local y la cohesión social.

En la Franja de Gaza, los efectos del conflicto son mucho más devastadores. El enclave densamente poblado sufrió ataques aéreos y terrestres que destruyeron barrios enteros, causando miles de muertos y heridos y dejando a muchas familias sin hogar y sin medios de subsistencia. La infraestructura vital, como las redes de electricidad y agua, los hospitales y las escuelas, ha sufrido graves daños, lo que ha dejado a la población sin acceso a los servicios esenciales.

La crisis humanitaria en Gaza se ha visto agravada por las restricciones al acceso humanitario y a los suministros de emergencia impuestas por Israel, que han obstaculizado los esfuerzos de socorro y reconstrucción. La falta de alimentos, agua potable y atención médica ha causado graves sufrimientos a la población civil, especialmente a los niños, los ancianos y los enfermos. La desesperación y la ira crecen entre la población de Gaza, alimentando sentimientos de impotencia y desesperanza.

Además, el conflicto tuvo un impacto duradero en el tejido social y cultural de Gaza, con un aumento de la polarización política y las divisiones internas. La violencia y la destrucción han socavado la confianza en la capacidad de las instituciones locales para proteger y ayudar a la población, alimentando las sospechas y la desconfianza entre los ciudadanos.

En resumen, los efectos del conflicto en la población civil son devastadores y complejos, con consecuencias a largo plazo para la salud, la economía y la estabilidad social de la región. Abordar las necesidades humanitarias inmediatas y encontrar una solución política al conflicto siguen siendo desafíos cruciales para garantizar el bienestar y la seguridad de la población civil de la región.

Los efectos del conflicto en la población civil son palpables no solo en los daños físicos y materiales, sino también en las heridas emocionales y psicológicas que deja. En Israel, las familias viven en una incertidumbre constante y con el temor de ser alcanzadas por cohetes procedentes de Gaza. Las escuelas, los parques y los lugares públicos tienen refugios antiaéreos, y las sirenas de alarma se han convertido en un sonido familiar. Los niños crecen con un miedo constante y deben aprender a manejar el trauma que conlleva la exposición a situaciones peligrosas. Incluso los adultos no son inmunes a estos miedos, y muchas personas sufren trastornos de ansiedad y trastorno de estrés postraumático (TEPT) debido a la amenaza constante.

Los daños materiales causados por los cohetes tienen un impacto económico significativo, ya que muchos hogares, negocios e infraestructuras públicas han sido dañados o destruidos. Las comunidades cercanas a la frontera con Gaza sufren especialmente, ya que muchas actividades económicas sufren pérdidas y muchas personas pierden sus empleos como consecuencia de la destrucción. La reconstrucción requiere tiempo y recursos, y muchas personas luchan por recuperarse de las pérdidas financieras y las dificultades económicas resultantes.

En la Franja de Gaza, los efectos del conflicto son aún más devastadores. El enclave densamente poblado ha sufrido años de bloqueo y aislamiento, con acceso limitado a alimentos, agua, atención médica y otras necesidades básicas. Los bombardeos israelíes han destruido hogares, hospitales, escuelas e infraestructuras públicas, dejando a miles de personas sin techo y sin acceso a los servicios esenciales. Los suministros de agua potable se han dañado, lo que ha provocado graves problemas de salud pública y enfermedades transmitidas por el agua.

Además, la violencia y la destrucción tienen un impacto duradero en la psique de la población de Gaza. Muchos residentes sufren traumas emocionales y psicológicos debido a la pérdida de sus seres queridos, la destrucción de sus hogares y unas condiciones de vida insoportables. Los niños son especialmente vulnerables, con altas tasas de trastorno de estrés postraumático, depresión y ansiedad entre los jóvenes que crecen en un entorno de violencia e inestabilidad.

El conflicto también tiene un profundo impacto sociocultural, ya que socava la cohesión social y la confianza en las instituciones locales. Las divisiones internas se profundizan y las tensiones aumentan, lo que dificulta que la población de Gaza encuentrc la unidad y la solidaridad en tiempos de crisis. La desesperación y la frustración alimentan la inestabilidad y la inseguridad, creando un círculo vicioso de violencia y sufrimiento que parece no tener fin.

En conclusión, los efectos del conflicto en la población civil son devastadores y duraderos, con consecuencias a largo plazo para la salud, la economía y la estabilidad social de la región. La búsqueda de una solución política al conflicto sigue siendo esencial para garantizar la paz y la seguridad de todos los pueblos involucrados.

Los efectos del conflicto en la población civil están intrínsecamente relacionados con la naturaleza del conflicto en sí y con su prolongada duración en el tiempo. En Israel, las familias viven con una incertidumbre diaria y un miedo constante a los ataques terroristas. Las sirenas de alarma que advierten de la amenaza inminente de la llegada de cohetes desde Gaza se convierten en una rutina diaria, y las personas deben aprender a reaccionar rápidamente para buscar refugio en los refugios antiaéreos. Este estado de ansiedad constante crea un clima de miedo generalizado que impregna todos los aspectos de la vida diaria y afecta a las decisiones personales, el bienestar emocional y la dinámica familiar.

Los daños materiales causados por los cohetes pueden ser devastadores, especialmente en las comunidades cercanas a la Franja de Gaza. Las viviendas y las infraestructuras públicas están siendo dañadas o destruidas, lo que obliga a las personas a reconstruir sus vidas partiendo de cero. Las empresas sufren pérdidas económicas y muchas personas pierden sus empleos debido a la destrucción de las actividades empresariales. La reconstrucción requiere mucho tiempo y recursos, y muchas comunidades se enfrentan a graves dificultades económicas y sociales para tratar de recuperarse y reconstruirse.

En la Franja de Gaza, los efectos del conflicto son aún más graves. La población ha estado viviendo bajo un bloqueo israelí durante muchos años, con acceso limitado a alimentos, agua potable, atención médica y otros recursos básicos. Los bombardeos israelíes han causado grandes daños a la infraestructura y a los recursos vitales, dejando a muchas personas sin acceso a los servicios esenciales y forzadas a vivir en condiciones extremadamente precarias. La falta de recursos y el constante estado de emergencia han provocado graves problemas de salud pública y malnutrición, y muchas personas luchan por satisfacer las necesidades más básicas.

Las heridas emocionales y psicológicas causadas por el conflicto son igualmente importantes. La población de Gaza vive con el temor constante de sufrir ataques inminentes, y el miedo constante tiene un profundo impacto en la salud mental y el bienestar emocional de las personas. Los niños crecen con traumas e inseguridades profundos, con altas tasas de trastorno de estrés postraumático, depresión y ansiedad entre los jóvenes que viven en un entorno de violencia e inestabilidad.

Además, el conflicto tiene un impacto social y cultural duradero en la población de Gaza. Las divisiones internas se profundizan y la cohesión social se erosiona, lo que dificulta que la población encuentre la unidad y la solidaridad en tiempos de crisis. La desesperación y la frustración alimentan las tensiones y los conflictos internos, creando un entorno de inestabilidad e inseguridad que parece no tener fin.

En resumen, los efectos del conflicto en la población civil son generalizados y duraderos, con graves consecuencias para la salud, la economía y la estabilidad social de la región. La búsqueda de una solución política al conflicto sigue siendo fundamental para garantizar la paz y el bienestar de todos los involucrados.

En conclusión, los efectos del conflicto en la población civil son profundos y duraderos, con consecuencias devastadoras para la salud, la economía y la estabilidad social de la región. En Israel, las familias viven con una ansiedad constante ante la llegada de cohetes desde

Gaza, que amenazan su seguridad y bienestar emocional. Los daños materiales causados por los cohetes pueden provocar importantes pérdidas económicas y la destrucción de las comunidades locales, con un impacto duradero en la calidad de vida y la cohesión social.

En la Franja de Gaza, los efectos del conflicto son aún más devastadores, con una grave escasez de recursos y servicios esenciales que ponen a prueba la supervivencia y el bienestar de la población civil. Las heridas emocionales y psicológicas son profundas y duraderas, y los traumas infantiles afectan la salud mental y el bienestar emocional de las generaciones futuras. Además, el conflicto tiene un impacto social y cultural duradero, ya que socava la cohesión social y la confianza en las instituciones locales. Abordar los efectos del conflicto requiere un compromiso a largo plazo con la reconstrucción y la recuperación de las comunidades involucradas, junto con esfuerzos concertados para encontrar una solución política al conflicto en sí. La paz y la seguridad en la región dependen de la capacidad de todas las partes involucradas para trabajar juntas a fin de superar las divisiones y construir un futuro de estabilidad y prosperidad para todos los pueblos de la región.

6. Reacciones de la comunidad internacional ante el conflicto.

Las reacciones de la comunidad internacional ante el conflicto entre Israel y Hamás han sido variadas y han reflejado las opiniones, los intereses y las alianzas de los distintos actores mundiales.

Algunos países han expresado su firme apoyo a Israel, haciendo hincapié en su derecho a la autodefensa contra los ataques terroristas que provienen de la Franja de Gaza. Estos países suelen condenar las acciones de Hamás calificándolas de terrorismo y subrayan la necesidad de garantizar la seguridad de los ciudadanos israelíes. Estados Unidos, por ejemplo, ha apoyado históricamente a Israel y ha brindado asistencia militar y política al gobierno israelí.

En cambio, otros países y organizaciones internacionales han condenado los ataques israelíes contra Gaza, subrayando el elevado precio que ha pagado la población civil palestina. Estos actores suelen pedir un alto el fuego inmediato y exigen que ambas partes respeten el derecho internacional humanitario. Además, muchos de ellos exigen una solución política al conflicto que garantice los derechos humanos y la autodeterminación del pueblo palestino.

Algunos estados y organizaciones han intentado negociar una solución diplomática al conflicto, intentando negociar un alto el fuego y promoviendo el diálogo entre las partes. Estos esfuerzos suelen tropezar con dificultades debido a la complejidad y sensibilidad del conflicto, pero siguen siendo cruciales para tratar de poner fin a la violencia e iniciar un proceso de paz duradero.

Además, la comunidad internacional ha desempeñado un papel importante a la hora de hacer frente a las consecuencias humanitarias del conflicto, proporcionando asistencia humanitaria, ayuda financiera y apoyo a las organizaciones internacionales y no gubernamentales que actúan sobre el terreno. Sin embargo, la coordinación y la distribución de la ayuda pueden verse obstaculizadas por la situación sobre el terreno y las restricciones de acceso impuestas por ambas partes.

En resumen, las reacciones de la comunidad internacional ante el conflicto israelí-palestino han sido complejas y variadas, lo que refleja la complejidad y la sensibilidad del propio conflicto. Si bien algunos países apoyan abiertamente a Israel o

Los palestinos, otros están intentando negociar una solución diplomática y proporcionar asistencia humanitaria a las personas afectadas por la violencia. Sin embargo, el conflicto sigue siendo uno de los desafíos más urgentes y divisivos de la política internacional, y requiere un compromiso continuo y coordinado por parte de todos los actores interesados para lograr una paz justa y duradera en la región.

Las reacciones de la comunidad internacional ante el conflicto entre Israel y Hamás reflejan una serie de matices políticos, estratégicos y morales que caracterizan las relaciones internacionales en el contexto del conflicto israelí-palestino.

Algunos países, especialmente aquellos que tienen estrechos vínculos históricos y políticos con Israel, tienden a apoyar abiertamente el derecho de Israel a la defensa y a condenar las acciones de Hamás calificándolas de terrorismo. Estos estados suelen brindar apoyo diplomático y militar a Israel, lo que subraya su legitimidad como estado soberano y su derecho a proteger a sus ciudadanos de los ataques terroristas. Estas posiciones pueden derivarse de alianzas estratégicas, intereses geopolíticos o de la solidaridad histórica y cultural con Israel.

Por otro lado, hay países y organizaciones internacionales que critican abiertamente las acciones de Israel en el conflicto, haciendo hincapié en el costo humano y el sufrimiento de la población civil palestina. Estos actores suelen denunciar el uso excesivo de la fuerza por parte de Israel y exigen el estricto respeto del derecho internacional humanitario, incluido el principio de proporcionalidad en el uso de la fuerza. Algunos de ellos también pueden apoyar el reconocimiento de los derechos de los palestinos, incluido el derecho a la autodeterminación y la creación de un estado independiente.

Algunos estados y organizaciones internacionales han intentado actuar como mediadores en el conflicto, buscando facilitar el diálogo y la negociación entre Israel y Hamás para lograr un alto el fuego sostenible e iniciar un proceso de paz significativo.

Estos esfuerzos pueden implicar negociaciones diplomáticas directas o la participación de mediadores internacionales, como las Naciones Unidas u otros actores regionales.

Además, la comunidad internacional desempeña un papel importante en la prestación de asistencia humanitaria a la población civil afectada por el conflicto, mediante el envío de ayuda financiera, suministros médicos y apoyo logístico a las organizaciones humanitarias y los organismos de las Naciones Unidas. Sin embargo, la coordinación y la distribución de dicha ayuda pueden verse obstaculizadas por las hostilidades entre las partes en conflicto y las restricciones de acceso impuestas por Israel y Hamás. En resumen, las reacciones de la comunidad internacional ante el conflicto israelí-palestino se caracterizan por una serie de posiciones políticas, estratégicas y morales que reflejan la complejidad y la sensibilidad del propio conflicto. Si bien algunos países apoyan abiertamente a Israel o a los palestinos, otros buscan actuar como mediadores o brindar asistencia humanitaria a la población afectada por la violencia.

Sin embargo, el conflicto sigue siendo uno de los desafíos más urgentes y divisivos de la política internacional, y requiere un compromiso continuo y coordinado por parte de todos los actores interesados para lograr una paz justa y duradera en la región.

Las reacciones de la comunidad internacional ante el conflicto entre Israel y Hamás representan un complejo mosaico de opiniones, políticas e intereses que reflejan la diversidad del panorama mundial y la dinámica geopolítica de la región de Oriente Medio.

Algunos países occidentales, especialmente los Estados Unidos y muchos estados europeos, han apoyado tradicionalmente a Israel como un aliado clave en la región.

Estos países suelen ponerse del lado de
Israel, reconociendo su derecho a la
autodefensa y condenando las acciones de
Hamás calificándolas de terrorismo. El
apoyo occidental a Israel puede provenir
de una serie de factores, incluidos los lazos
históricos y los valores compartidos, como
la democracia y la seguridad regional.

Por otro lado, muchos países de mayoría
musulmana y algunos estados no alineados
tienden a apoyar la causa palestina y a
condenar las acciones de Israel por
considerarlas violaciones de los derechos
humanos internacionales.

Estos estados suelen denunciar la
ocupación israelí de los territorios
palestinos y exigen que se respete el
derecho internacional humanitario. El
apoyo a la causa palestina puede derivar de
consideraciones religiosas, culturales o de
la solidaridad con los pueblos oprimidos.

Otros actores internacionales, como las Naciones Unidas y la Unión Europea, han intentado actuar como mediadores en el conflicto, buscando facilitar el diálogo y la negociación entre las partes en el conflicto para lograr una solución pacífica y duradera. Estos esfuerzos suelen centrarse en la importancia del diálogo y la diplomacia como medios para resolver las controversias y promover la seguridad y la estabilidad en la región.

Además, la comunidad internacional ha desempeñado un papel clave en la prestación de asistencia humanitaria a la población civil afectada por el conflicto, mediante el envío de ayuda financiera, suministros médicos y apoyo logístico a las organizaciones humanitarias y los organismos de las Naciones Unidas. Sin embargo, los esfuerzos humanitarios pueden verse obstaculizados por las hostilidades entre las partes en conflicto y las restricciones de acceso impuestas por ambas partes.

En resumen, las reacciones de la comunidad internacional ante el conflicto israelí-palestino reflejan la complejidad de las relaciones mundiales y los desafíos únicos asociados al conflicto en sí. Si bien algunos países apoyan abiertamente a Israel o a los palestinos, otros buscan actuar como mediadores o brindar asistencia humanitaria a la población afectada por la violencia. El conflicto sigue siendo uno de los desafíos más urgentes y complejos de la política internacional, y requiere un compromiso continuo por parte de todos los actores interesados para encontrar una solución pacífica y duradera que garantice la paz y la seguridad para ambas partes involucradas.

En conclusión, las reacciones de la comunidad internacional ante el conflicto entre Israel y Hamás reflejan la diversidad y la complejidad de la dinámica geopolítica mundial. Si bien algunos países apoyan abiertamente a Israel o a los palestinos, otros buscan actuar como mediadores o brindar asistencia humanitaria a la población afectada por la violencia. Sin embargo, el conflicto sigue siendo uno de los desafíos más urgentes y complejos de la política internacional, y requiere un compromiso continuo y coordinado por parte de todos los actores interesados para encontrar una solución pacífica y duradera que garantice la paz y la seguridad para ambas partes involucradas. Abordar el conflicto requiere no solo un compromiso diplomático, sino también un firme apoyo a la reconstrucción y la recuperación de las comunidades afectadas, así como el respeto del derecho internacional y los derechos humanos fundamentales. Solo mediante un compromiso colectivo y sostenido será posible abordar las raíces profundas del conflicto y trabajar en pro de una solución que respete las aspiraciones y los derechos de todos los involucrados.

7. El papel de los medios de comunicación y la propaganda en la configuración de las percepciones del conflicto.

El papel de los medios de comunicación y la propaganda a la hora de moldear la percepción del conflicto entre Israel y Hamás es crucial y complejo, ya que influye en la opinión pública nacional e internacional, la política y la percepción de la justicia y la injusticia.
Los medios de comunicación desempeñan un papel fundamental a la hora de contar la historia del conflicto, pero a menudo las narrativas están influenciadas por sesgos políticos, culturales y nacionales. Los medios de comunicación de Israel pueden centrarse en la narrativa de la seguridad y el derecho a la autodefensa, destacando los ataques terroristas desde Gaza y las amenazas a la vida de los ciudadanos israelíes.

Al mismo tiempo, los medios de comunicación palestinos tienden a hacer hincapié en el tema de la ocupación, la discriminación y el sufrimiento de la población palestina, haciendo hincapié en el costo humano de las acciones militares israelíes.

Ambas partes utilizan ampliamente la propaganda para influir en la opinión pública y justificar sus acciones. Israel puede utilizar la propaganda para legitimar las operaciones militares por considerarlas necesarias para la seguridad nacional y para presentar a Hamás como una organización terrorista que amenaza la vida de los israelíes. Del mismo modo, Hamás puede utilizar la propaganda para obtener el apoyo nacional e internacional y presentar a Israel como un agresor colonial que oprime al pueblo palestino y viola sus derechos humanos fundamentales.

Las redes sociales también desempeñan un papel cada vez más importante a la hora de moldear las percepciones del conflicto, ya que permiten a las personas compartir noticias, imágenes y opiniones en tiempo real. Sin embargo, las redes sociales también se pueden utilizar para difundir desinformación y propaganda, lo que amplifica las tensiones y divisiones existentes y dificulta que el público distinga entre hechos y falsedades.

La cobertura mediática del conflicto también puede estar influenciada por intereses geopolíticos y financieros, y algunos medios de comunicación pueden tener vínculos con grupos de presión o gobiernos que apoyan abiertamente a una de las partes involucradas. Esto puede llevar a una distorsión de la verdad y a una representación parcial de los hechos, lo que dificulta que el público tenga una comprensión completa y equilibrada del conflicto.

En conclusión, el papel de los medios de comunicación y la propaganda a la hora de

modelar la percepción del conflicto entre
Israel y Hamás es importante y complejo.
Las narrativas y la propaganda de los
medios de comunicación pueden influir en
la opinión pública y la política,
alimentando las tensiones y divisiones
existentes. Abordar este desafío requiere
una mayor transparencia, un periodismo
ético y crítico y una educación mediática
que ayude al público a evaluar críticamente
la información que recibe.

El papel de los medios de comunicación y
la propaganda en el conflicto entre Israel y
Hamás es intrínseco a la propia naturaleza
del conflicto y refleja la compleja dinámica
política, social y cultural implicada. Los
medios de comunicación, tanto
tradicionales como digitales, tienen una
enorme influencia a la hora de moldear las
opiniones públicas y la percepción global
del conflicto, y esto se logra a través de una
serie de mecanismos y estrategias de
comunicación.

Uno de los aspectos más importantes del papel de los medios de comunicación es la narrativa del conflicto. Cada parte implicada en el conflicto trata de presentar su versión de los hechos para obtener el apoyo de la opinión pública nacional e internacional. Los medios de comunicación israelíes tienden a hacer hincapié en la amenaza de los cohetes procedentes de Gaza y en el derecho de Israel a la autodefensa, mientras que los medios palestinos hacen hincapié en el sufrimiento de la población civil palestina y en la resistencia contra la ocupación israelí.

La propaganda desempeña un papel clave en la configuración de la narrativa del conflicto. Ambas partes utilizan estrategias de propaganda para promover su agenda política y presentar a la otra parte como el enemigo. Israel puede utilizar la propaganda para presentar a Hamás como una organización terrorista que ataca deliberadamente a civiles israelíes, mientras que Hamás puede presentar a

Israel como un agresor que busca oprimir al pueblo palestino y usurpar sus tierras.

Las redes sociales han amplificado aún más el papel de los medios de comunicación en el conflicto. Plataformas como Twitter, Facebook e Instagram permiten a las personas compartir noticias, imágenes y opiniones en tiempo real, con lo que llegan a una audiencia global inmediata. Sin embargo, las redes sociales también pueden ser un terreno fértil para la difusión de información errónea y propaganda, ya que la información no siempre se verifica o se verifica minuciosamente antes de compartirla. Además, los medios de comunicación y las organizaciones de noticias internacionales pueden tener sesgos implícitos o explícitos que influyen en su cobertura del conflicto.

Algunos medios pueden tener vínculos políticos, financieros o culturales con una de las partes involucradas, lo que influye

en su objetividad e imparcialidad en la
narración de los hechos.

En resumen, el papel de los medios de
comunicación y la propaganda en el
conflicto entre Israel y Hamás es complejo
y controvertido. La narrativa del conflicto
está influenciada por múltiples factores,
incluidos los intereses políticos, las
ideologías nacionales y los prejuicios de los
medios de comunicación.

Abordar este desafío requiere un
periodismo ético, crítico y transparente, así
como una educación mediática que ayude
al público a evaluar críticamente la
información que recibe y a comprender la
complejidad del conflicto.

En conflictos como el que existe entre
Israel y Hamás, el papel de los medios de
comunicación y la propaganda desempeña
un papel crucial a la hora de moldear la
opinión pública e influir en la percepción
internacional del conflicto. Los medios de

comunicación, tanto tradicionales como digitales, actúan como puente entre los acontecimientos sobre el terreno y el público mundial, pero con frecuencia están sujetos a influencias políticas, culturales y financieras que pueden distorsionar la narración de los acontecimientos.

Una de las principales formas en que los medios de comunicación influyen en la percepción del conflicto es mediante la selección y presentación de las noticias. La elección de qué historias cubrir, qué imágenes mostrar y qué fuentes citar puede tener un impacto significativo en la comprensión pública de los acontecimientos. Por ejemplo, la cobertura mediática que hace hincapié en los ataques terroristas palestinos puede crear una percepción distorsionada de la amenaza a la seguridad de Israel, mientras que la cobertura que pone de relieve el sufrimiento de los palestinos bajo la ocupación israelí puede generar simpatía por la causa palestina.

La propaganda es otra arma que utilizan las partes en conflicto para influir en la opinión pública nacional e internacional. Tanto Israel como Hamás utilizan una variedad de medios, incluidos comunicados de prensa, vídeos y redes sociales, para promover su agenda política y presentar a la otra parte como la agresora.

La propaganda puede ser precisa o distorsionada, según los objetivos de las partes en conflicto, y puede desempeñar un papel importante a la hora de perpetuar el ciclo de violencia y venganza.

Las redes sociales han revolucionado la forma en que se cuentan y perciben los conflictos, al permitir que personas y grupos compartan noticias, opiniones e imágenes en tiempo real. Sin embargo, las redes sociales también pueden ser un terreno fértil para la difusión de información errónea y propaganda, ya que la información no siempre se verifica o se verifica minuciosamente antes de compartirla.

Esto puede conducir a la difusión de narrativas falsas y a la perpetuación de estereotipos dañinos que alimentan aún más los conflictos.

En definitiva, i media internazionali svolgono un ruolo chiave nel plasmare la percezione globale del conflitto. La copertura mediatica internazionale può avere un impatto significativo sulle relazioni diplomatiche e sulle azioni politiche dei governi nei confronti del conflitto.

Sin embargo, la copertura mediatica internazionale può anche essere influenzata da bias impliciti o espliciti, così come da pressioni politiche ed economiche che possono limitare la sua obiettività e indipendenza.

En conclusión, el papel de los medios de comunicación y la propaganda en el conflicto entre Israel y Hamás es extremadamente complejo y multidimensional. La narración de los hechos está sujeta a múltiples influencias e intereses, que pueden distorsionar la percepción de la verdad y alimentar aún más el conflicto. Abordar este desafío requiere un periodismo ético, crítico e independiente, así como una educación mediática que ayude al público a evaluar críticamente la información que recibe y a comprender la complejidad del conflicto.

En conclusión, el papel de los medios de comunicación y la propaganda en el conflicto entre Israel y Hamás es fundamental y complejo, e influye profundamente en la percepción global del conflicto y en las opiniones públicas nacionales e internacionales. La selección y presentación de las noticias, junto con la difusión de propaganda por ambas partes en el conflicto, pueden distorsionar la percepción de la verdad y perpetuar los estereotipos dañinos que alimentan aún más el conflicto. Las redes sociales han amplificado aún más este papel, ya que permiten a personas y grupos compartir información y opiniones en tiempo real, pero también facilitan la difusión de información errónea y propaganda. Abordar este desafío requiere un periodismo ético, independiente y crítico, así como una educación mediática que ayude al público a evaluar críticamente la información que recibe y a comprender la complejidad del conflicto. Solo mediante una información equilibrada y una comprensión precisa de las causas e implicaciones del conflicto se puede esperar promover una solución pacífica y duradera.

8. Intentos de mediación y negociaciones de paz.

Los intentos de mediación y las negociaciones de paz en el conflicto entre Israel y Hamás han sido frecuentes a lo largo de los años, sin embargo, han tropezado con numerosos obstáculos y, a menudo, han dado lugar a resultados limitados o efímeros.

Uno de los principales desafíos de las negociaciones de paz es la falta de confianza mutua entre las partes. Israel y Hamás no reconocen la legitimidad mutua y esto dificulta la creación de un terreno común para el diálogo. Además, ambas partes tienen puntos de vista diferentes sobre cuestiones clave, como las fronteras, el reconocimiento mutuo y el estatuto de Jerusalén, lo que dificulta llegar a un acuerdo.

Algunos de los principales esfuerzos de mediación han sido realizados por actores regionales e internacionales, incluidos los Estados Unidos, la Unión Europea, Egipto y las Naciones Unidas. Sin embargo, estos esfuerzos han tropezado con frecuencia con la resistencia de las partes beligerantes o con la falta de voluntad política por parte de ambas partes para entablar negociaciones de paz con seriedad.

Uno de los mayores obstáculos para las negociaciones de paz fue la falta de unidad entre los propios palestinos. Israel ha sostenido con frecuencia que no puede negociar con Hamás, una organización considerada terrorista por muchos países, y ha preferido negociar con la Autoridad Palestina de Mahmoud Abbas, que controla Cisjordania. Sin embargo, la división entre Gaza y Cisjordania ha dificultado que los palestinos presenten una posición unificada en las negociaciones de paz.

A pesar de estos obstáculos, se han producido algunos avances positivos en los intentos de mediación y negociaciones de paz. Por ejemplo, en 2020, Egipto facilitó un acuerdo de alto el fuego entre Israel y Hamás tras una serie de violentos enfrentamientos. Este acuerdo ha llevado a una calma relativa en la región durante varios meses, lo que demuestra que la mediación puede tener éxito a la hora de mitigar la violencia y estabilizar la situación.

Sin embargo, los esfuerzos de mediación y las negociaciones de paz siguen siendo un desafío complejo y multilateral. Lograr una paz duradera requerirá el compromiso continuo de todas las partes interesadas, junto con un importante apoyo internacional y un diálogo abierto e inclusivo entre todas las facciones palestinas e israelíes. Solo mediante un proceso de negociaciones sinceras e inclusivas podemos esperar lograr una solución pacífica y duradera al conflicto entre Israel y Hamás.

En conclusión, los intentos de mediación y negociación de paz en el conflicto entre Israel y Hamás se han caracterizado por numerosos obstáculos y desafíos. La falta de confianza mutua, las diferencias sobre cuestiones clave y la falta de unidad entre los propios palestinos han dificultado el logro de un acuerdo duradero.

Sin embargo, ha habido algunos avances, como los acuerdos de alto el fuego facilitados por Egipto, que han reducido temporalmente la violencia en la región. Abordar las complejas raíces del conflicto requiere el compromiso constante de todas las partes involucradas, junto con un fuerte apoyo internacional y un diálogo abierto e inclusivo. Será esencial superar las diferencias políticas e ideológicas y trabajar juntos para abordar las preocupaciones de ambas partes y garantizar la seguridad y el bienestar de todos los pueblos de la región.

Para lograr una paz duradera, se necesitará un enfoque multilateral que involucre activamente a los actores regionales e internacionales, así como a todas las facciones palestinas e israelíes. Esto requerirá un compromiso sincero y persistente de buscar soluciones políticas y

diplomáticas que respeten los derechos y
las aspiraciones de todas las partes
involucradas.

Además, será crucial abordar las causas
fundamentales del conflicto, incluidas las
cuestiones relacionadas con la seguridad,
las fronteras, el derecho a la
autodeterminación y la dignidad humana.
Solo mediante un proceso de negociaciones
constructivas e inclusivas será posible
lograr una paz duradera y una solución
justa para todos los involucrados en el
conflicto entre Israel y Hamás.

9. Impacto económico del conflicto en Gaza e Israel.

El conflicto entre Israel y Hamás tiene un impacto económico significativo para ambas partes implicadas, con consecuencias negativas que van más allá de los daños materiales directos causados por los combates.
Para Gaza, un territorio que ya está muy afectado por años de bloqueo económico y aislamiento, el conflicto implica graves daños a la infraestructura civil, los hogares, las empresas y los recursos productivos. Los ataques aéreos israelíes destruyen o dañan carreteras, escuelas, hospitales, centrales eléctricas e instalaciones de agua, lo que agrava la ya grave crisis humanitaria en la Franja de Gaza. La destrucción de la infraestructura dificulta la prestación de servicios esenciales como el agua potable y la electricidad, y las empresas locales luchan por sobrevivir en un entorno de conflicto constante.

Por otro lado, Israel también está sufriendo un impacto económico significativo como resultado del conflicto. Los ataques con cohetes desde Gaza amenazan la seguridad de los ciudadanos israelíes y causan daños directos a los hogares, la infraestructura y las empresas en las comunidades cercanas a la Franja de Gaza. Además, el temor constante a los ataques terroristas y la necesidad de responder militarmente a los lanzamientos de cohetes pueden crear inestabilidad económica y social en la región.

Además de los daños materiales directos, el conflicto tiene un impacto negativo en sectores clave de la economía de ambas partes. El turismo, el comercio, la agricultura y la industria se ven afectados por las perturbaciones provocadas por los combates, la pérdida de confianza de los inversores y las restricciones de circulación impuestas por las autoridades. Además, el clima de inestabilidad y violencia desalienta la inversión extranjera y daña la imagen internacional de Gaza e Israel como destinos seguros para el comercio y el turismo.

Por último, el conflicto tiene un impacto social y emocional en ambas comunidades, ya que provoca estrés psicológico, traumas y pérdida de vidas. La pérdida de vidas y el sufrimiento infligido a las familias afectan profundamente al tejido social y psicológico de las comunidades involucradas, con consecuencias a largo plazo en la eficiencia económica y la cohesión social.

En conclusión, el conflicto entre Israel y Hamás tiene un impacto económico significativo en Gaza e Israel, con consecuencias negativas que van más allá de los daños materiales directos causados por los combates. Abordar los desafíos económicos y sociales causados por el conflicto requiere un compromiso conjunto por parte de ambas partes, junto con un fuerte apoyo internacional y soluciones políticas y diplomáticas que apunten a una paz duradera en la región.

El conflicto entre Israel y Hamás tiene un impacto económico complejo y variado en ambas partes implicadas, ya que afecta a diferentes sectores de la economía y tiene consecuencias a largo plazo en el desarrollo socioeconómico de la región.

En Gaza, la situación económica es particularmente crítica debido al conflicto recurrente y al bloqueo impuesto por Israel. Antes del conflicto, Gaza ya estaba asolada por una grave crisis económica, con altas tasas de desempleo, pobreza generalizada y dependencia de la asistencia humanitaria internacional. El conflicto provoca más devastación y daña infraestructuras vitales como carreteras, escuelas, hospitales e instalaciones de suministro de agua y energía. Este daño no solo implica costos de reparación inmediatos, sino que también tiene efectos a largo plazo en la capacidad de Gaza para reconstruirse y desarrollarse económicamente.

Las empresas locales se ven particularmente afectadas por el conflicto, y muchas sufren daños físicos o la pérdida de equipos y materias primas como consecuencia de los bombardeos. Además, la situación de inestabilidad y violencia desalienta la inversión y dificulta el desarrollo de nuevas actividades económicas. El sector agrícola es particularmente vulnerable, pues gran parte de la tierra cultivable resultó dañada o destruida durante los combates, lo que reduce aún más las fuentes de sustento de la población local.

Israel también está sufriendo el impacto económico del conflicto. Aunque el país tiene una economía más desarrollada que la de Gaza, las comunidades vecinas a la Franja de Gaza enfrentan serios desafíos económicos debido a la amenaza constante de cohetes y ataques terroristas. Las empresas locales pueden sufrir daños físicos y pérdidas financieras como resultado de los bombardeos, y la necesidad de proteger a la población civil implica costos adicionales para las fuerzas de seguridad y la infraestructura de defensa.

Además, el conflicto tiene consecuencias más amplias en la economía israelí, ya que afecta a la percepción de los inversores extranjeros y a la estabilidad política del país. Los episodios de violencia pueden desalentar la inversión y dañar sectores clave de la economía, como el turismo y el comercio internacional.

Además, el gasto militar necesario para hacer frente a la amenaza de los cohetes y proteger a la población civil implica costos significativos para el gobierno israelí. En resumen, el conflicto entre Israel y Hamás tiene un impacto económico negativo para ambas partes implicadas, ya que daña la infraestructura, las empresas y los recursos vitales para el desarrollo socioeconómico de la región. Abordar estos desafíos requerirá un compromiso conjunto por parte de ambas partes, junto con un fuerte apoyo internacional y soluciones políticas y diplomáticas que apunten a una paz duradera y un desarrollo económico sostenible en la región.

El conflicto entre Israel y Hamás tiene impactos económicos que van mucho más allá de los daños físicos y materiales causados por los combates directos. Estos impactos incluyen la pérdida de vidas, los traumas psicológicos, la destrucción de la infraestructura y los recursos productivos, así como las consecuencias a largo plazo en el desarrollo económico y social de la región.

En particular, para comprender plenamente la magnitud del impacto económico del conflicto, es importante tener en cuenta el ya difícil contexto socioeconómico en el que se encuentran Gaza e Israel. Antes del último conflicto, Gaza ya era una de las zonas más densamente pobladas y más pobres del mundo, con altas tasas de desempleo, una infraestructura económica débil y una dependencia crónica de la asistencia humanitaria. La situación económica de Gaza se ha complicado aún más debido a las restricciones israelíes a la circulación de personas y bienes a través de las fronteras, que han limitado gravemente las oportunidades económicas y de desarrollo.

Para Israel, las comunidades cercanas a la Franja de Gaza suelen ser objeto de ataques con cohetes y de la infiltración de grupos armados palestinos, lo que crea un clima de miedo e incertidumbre que puede dañar el bienestar económico y social de estas comunidades. Además, el costo de la operación militar en sí misma, incluidos los costos de las municiones, el equipo militar y el mantenimiento de las fuerzas de seguridad, puede tener un impacto significativo en el presupuesto público de Israel.

En términos de impacto económico directo, los daños físicos a la infraestructura, los hogares, las empresas y los recursos productivos pueden ser extensos y costosos de reparar. Por ejemplo, la destrucción de carreteras, puentes, centrales eléctricas y plantas de agua puede paralizar toda la economía local y retrasar la recuperación económica durante años después del conflicto. Además, la pérdida de vidas y la consiguiente discapacidad física pueden privar a las familias de ingresos y crear cargas económicas y sociales adicionales para la sociedad.

Además, el conflicto puede tener consecuencias a largo plazo en el atractivo de las inversiones y en el clima empresarial de la región. Los inversores nacionales y extranjeros pueden mostrarse reacios a emprender proyectos económicos a largo

plazo en una zona inestable sujeta a
frecuentes episodios de violencia.

Esto puede provocar una ralentización de
la inversión y el desarrollo económico, con
consecuencias negativas para el
crecimiento económico y el empleo.

Por último, la inestabilidad política y social
generada por el conflicto puede alimentar
las tensiones internas y externas,
amenazando la seguridad y la estabilidad
de toda la región. El conflicto puede
polarizar las opiniones políticas y
radicalizar las posiciones de las facciones
involucradas, lo que dificulta aún más la
búsqueda de una solución política y
diplomática al conflicto. Este ciclo de
violencia e inestabilidad puede dañar la
imagen internacional de Gaza e Israel
como socios comerciales confiables y
puede reducir las oportunidades de
cooperación económica y desarrollo
regional.

En conclusión, el conflicto entre Israel y Hamás tiene impactos económicos amplios y complejos en ambas partes involucradas, afectando a diferentes sectores de la economía y teniendo consecuencias a largo plazo en el desarrollo económico y social de la región. Abordar estos desafíos requerirá un compromiso conjunto de todas las partes interesadas, junto con un fuerte apoyo internacional y soluciones políticas y diplomáticas que apunten a una paz duradera y un desarrollo económico sostenible en la región.

El conflicto entre Israel y Hamás tiene un impacto económico complejo y profundo que va más allá de la mera evaluación de los daños materiales directos causados por los combates. Abarca múltiples dimensiones de la economía y la sociedad, y afecta tanto a Gaza como a Israel de maneras diferentes y, a veces, impredecibles.

En Gaza, el conflicto tiene un impacto devastador en la ya frágil economía del territorio. La Franja de Gaza ha sido objeto de severas restricciones por parte de Israel, que controla las fronteras terrestres, marítimas y aéreas, y el conflicto ha comprometido aún más su acceso a los recursos y mercados externos. Los daños a infraestructuras vitales, como las redes de agua y electricidad, las carreteras y los edificios gubernamentales, dificultan la prestación de los servicios esenciales y empeoran la ya difícil situación económica de la población.

Las empresas locales se ven especialmente afectadas, y muchas sufren daños irreparables o pérdidas financieras importantes como consecuencia de los bombardeos. Sectores como la agricultura, la pesca y el comercio son particularmente vulnerables, ya que la destrucción de tierras cultivables, barcos de pesca y tiendas provoca la pérdida de ingresos y puestos de trabajo para la población local.

Las empresas locales se ven particularmente afectadas, y muchas sufren daños irreparables o pérdidas financieras significativas como resultado de los bombardeos. Sectores como la agricultura, la pesca y el comercio son particularmente vulnerables, ya que la destrucción de tierras cultivables, barcos de pesca y tiendas provoca la pérdida de ingresos y puestos de trabajo para la población local.

Además, el conflicto tiene un impacto negativo en la salud mental y el bienestar psicológico de la población. El trauma y el estrés causados por los bombardeos, la pérdida de familiares y amigos y el miedo constante a nuevos ataques pueden tener efectos duraderos en la salud mental y en la capacidad de la población para recuperarse y reconstruirse después del conflicto.

Incluso para Israel, el conflicto tiene importantes consecuencias económicas. Las comunidades cercanas a la Franja de

Gaza se ven particularmente afectadas por
la amenaza de los cohetes y los ataques
terroristas, que pueden dañar los hogares,
la infraestructura y las empresas locales.
Además, el costo de las operaciones
militares, incluidas las municiones, el
equipo y el mantenimiento de las fuerzas
de seguridad, puede ser muy elevado y
representar una carga financiera
importante para el gobierno israelí.

El conflicto también puede tener
consecuencias más amplias para la
economía israelí en su conjunto. La
percepción de los inversores extranjeros y
la estabilidad política pueden verse
comprometidas por la violencia y la
inestabilidad, que pueden dañar sectores
clave como el turismo, el comercio y la
inversión extranjera directa.
En resumen, el conflicto entre Israel y
Hamás tiene un impacto económico
profundo y complejo en ambas partes
implicadas, y afecta a múltiples
dimensiones de la economía y la sociedad.

Abordar estos desafíos requerirá un compromiso conjunto de todas las partes interesadas, junto con un fuerte apoyo internacional y soluciones políticas y diplomáticas que apunten a una paz duradera y un desarrollo económico sostenible en la región.

En conclusión, el conflicto entre Israel y Hamás tiene un impacto económico devastador para ambas partes implicadas, con amplias consecuencias que van más allá de los daños materiales directos. Para Gaza, que ya está asolada por la pobreza y la dependencia de la asistencia humanitaria, el conflicto provoca daños adicionales a la infraestructura, las empresas y los recursos vitales, lo que agrava la crisis económica y humanitaria en la Franja.

Las empresas, la agricultura y el comercio locales se ven particularmente afectados, con pérdidas de ingresos y empleos que alimentan aún más la desesperación y la inseguridad económica de la población.

Israel también está sufriendo un importante impacto económico: las comunidades cercanas a la Franja de Gaza se enfrentan a la amenaza constante de cohetes y ataques terroristas, y el gobierno se enfrenta a los altos costos de las operaciones militares y a la necesidad de proteger a la población civil. Además, la inestabilidad generada por el conflicto puede dañar sectores clave de la economía israelí y desalentar la inversión y el turismo.

Abordar estos desafíos requiere un compromiso conjunto por parte de ambas partes, junto con un fuerte apoyo internacional y soluciones políticas y diplomáticas que apunten a una paz duradera y un desarrollo económico sostenible en la región. Solo mediante la cooperación y la búsqueda de soluciones pacíficas podemos esperar superar las

divisiones y el sufrimiento causados por el conflicto y construir un futuro mejor para todos los involucrados en la región.
10. Experiencias personales de quienes viven en medio de un conflicto.

Las experiencias personales de quienes viven en medio del conflicto entre Israel y Hamás son increíblemente variadas y complejas, y reflejan la diversidad de perspectivas, identidades y circunstancias individuales dentro de las comunidades involucradas.

Para los residentes de Gaza, el conflicto representa una realidad cotidiana marcada por el miedo constante y el trauma de los bombardeos y los ataques militares. Las familias se enfrentan a la difícil elección entre quedarse en sus hogares, exponiéndose al riesgo de ser alcanzadas por los bombardeos, o buscar refugio en lugares más seguros, a menudo abarrotados y superpoblados, como escuelas o refugios subterráneos. El ruido constante de los bombardeos, el luto por la pérdida de amigos y familiares y la falta de seguridad personal tienen un profundo impacto en la salud mental y el bienestar emocional de quienes viven en Gaza.

Por otro lado, para los residentes de las comunidades israelíes cercanas a la Franja de Gaza, el conflicto trae consigo una sensación constante de vulnerabilidad y miedo. La amenaza de los cohetes y los ataques terroristas puede provocar estrés y ansiedad constantes, lo que limita la libertad de movimiento y la sensación de seguridad de las personas. Las familias se enfrentan al difícil equilibrio entre protegerse a sí mismas y a sus seres queridos y seguir viviendo una vida normal a pesar de las amenazas inminentes.

Para ambas comunidades, el conflicto tiene un profundo impacto en las relaciones personales y la cohesión social. Las amistades y las familias pueden dividirse por divisiones políticas e ideológicas, con consecuencias duraderas en el tejido social y en la confianza mutua dentro de las comunidades.

Además, los conflictos pueden afectar a las oportunidades de educación, trabajo y desarrollo personal de los jóvenes que crecen en un entorno de violencia e inestabilidad. Las escuelas pueden cerrar o sufrir daños durante los combates, lo que limita el acceso a la educación y el aprendizaje. Las oportunidades de empleo pueden ser limitadas debido a la destrucción de las empresas locales y a la reducción del turismo y la inversión.

Sin embargo, a pesar de los desafíos y las dificultades, muchas personas de las comunidades involucradas en el conflicto también encuentran formas de resistir, adaptarse y encontrar esperanza y resiliencia en su vida diaria. Las redes de apoyo familiar y comunitario, junto con las iniciativas de ayuda humanitaria locales e internacionales, pueden brindar un apoyo vital a las personas afectadas por el conflicto, ayudando a aliviar el dolor y promover la recuperación y la reconstrucción de las comunidades afectadas.

En conclusión, las experiencias personales de quienes viven en medio del conflicto entre Israel y Hamás se caracterizan por una amplia gama de emociones, desafíos y esperanzas. El conflicto tiene un impacto profundo y duradero en las vidas de las personas involucradas, ya que afecta su salud mental, su bienestar emocional, sus relaciones personales y sus oportunidades de desarrollo y crecimiento personal. Abordar los desafíos del conflicto requerirá el compromiso continuo de todas las partes involucradas, junto con un apoyo significativo de la comunidad internacional, para promover la paz duradera y la justicia social en la región.

En conclusión, las experiencias personales de quienes viven en medio del conflicto entre Israel y Hamás están impregnadas de una complejidad emocional, física y psicológica. Para muchos, el conflicto representa una realidad cotidiana de miedo, trauma y pérdida, con profundas consecuencias en la salud mental, el bienestar emocional y las relaciones personales. Sin embargo, estas experiencias también se caracterizan por una resiliencia extraordinaria y la determinación de perseverar a pesar de la adversidad.

En medio del caos y la devastación, surgen historias de esperanza y solidaridad, en las que personas y comunidades se unen para apoyarse mutuamente, proteger a los más vulnerables y buscar la paz y la reconciliación. Hay innumerables ejemplos de personas que trabajan incansablemente para promover el diálogo, la comprensión y la cooperación entre las comunidades involucradas en el conflicto.
Sin embargo, abordar las raíces profundas del conflicto y superar las divisiones requerirá un compromiso colectivo y

continuo de todas las partes interesadas, junto con un apoyo significativo de la comunidad internacional. Solo mediante el reconocimiento mutuo, la justicia, la comprensión y la reconciliación será posible construir un futuro de paz y prosperidad para todos los involucrados en la región.

Las experiencias personales de los residentes de Gaza, las comunidades israelíes cercanas a la Franja de Gaza y las personas que viven en medio del conflicto dan fe de la complejidad y la resiliencia humanas ante la adversidad. Cada persona lleva consigo una historia única y preciosa que merece ser escuchada, respetada y apoyada en la búsqueda de una solución pacífica y duradera al conflicto.

11. Efectos a largo plazo del conflicto en la región.

Los efectos a largo plazo del conflicto entre Israel y Hamás en la región son extremadamente complejos y afectan a diferentes aspectos de la sociedad, la economía, la política y la seguridad.

Desde una perspectiva económica, el conflicto tiene un impacto negativo duradero en ambas partes involucradas. La destrucción de la infraestructura, los recursos productivos y las actividades económicas ralentiza la recuperación económica y limita las oportunidades de desarrollo y crecimiento. Las comunidades afectadas por el conflicto pueden tardar años en reconstruir completamente sus economías y volver a un estado de estabilidad económica.

Además, el conflicto alimenta la polarización política y la inestabilidad social en la región, creando profundas divisiones entre las comunidades y dificultando la búsqueda de soluciones políticas y diplomáticas al conflicto. Las tensiones internas y externas pueden socavar la cohesión social y política, lo que dificulta la creación de una visión compartida para el futuro de la región.

A nivel humanitario, el conflicto deja una huella indeleble en la población, con consecuencias a largo plazo en la salud mental, el bienestar emocional y la seguridad de las personas involucradas. El trauma y el estrés causados por los bombardeos y la violencia pueden persistir durante años después del final del conflicto, afectando la calidad de vida y la capacidad de las personas para recuperarse y reconstruir sus vidas.

Además, el conflicto puede tener efectos duraderos en el medio ambiente y los recursos naturales de la región. La destrucción de la infraestructura puede causar daños ambientales importantes, incluida la contaminación del suelo y el agua, la pérdida de biodiversidad y la degradación de los ecosistemas. Estos efectos pueden tener consecuencias a largo plazo en la salud humana, la agricultura y el suministro de agua en la región.

Por último, el conflicto tiene importantes implicaciones geopolíticas y afecta a las relaciones entre Israel, los países vecinos y la comunidad internacional. Las tensiones regionales pueden alimentarse por la inestabilidad y la violencia continuas, con el potencial de desencadenar conflictos más grandes y prolongados en la región. Además, el conflicto puede afectar las políticas exteriores y la seguridad nacional de otros países, con consecuencias a largo plazo para la estabilidad geopolítica mundial.

En conclusión, los efectos a largo plazo del conflicto entre Israel y Hamás en la región son profundos y complejos y afectan a

diferentes aspectos de la vida social,
económica, política y ambiental. Abordar
estos desafíos requerirá un compromiso
colectivo y continuo de todas las partes
interesadas, junto con un firme apoyo de la
comunidad internacional, para promover
la paz duradera, la justicia social y el
desarrollo sostenible en la región.

Los efectos a largo plazo del conflicto entre
Israel y Hamás en la región son complejos
y de gran alcance, y afectan a múltiples
aspectos de la vida social, económica,
política y medioambiental. Estos efectos
son evidentes tanto en las comunidades
directamente involucradas en el conflicto
como en la región en su conjunto.

Desde el punto de vista económico, el
conflicto tiene un impacto devastador en la
prosperidad económica de la región. La
destrucción de infraestructuras
fundamentales, como carreteras, edificios
gubernamentales, hospitales y plantas de
energía, ralentiza significativamente el

proceso de reconstrucción y recuperación económica. Los recursos financieros que pueden haberse invertido en proyectos de desarrollo se desvían hacia la reconstrucción y el apoyo humanitario, lo que limita las oportunidades de crecimiento económico y desarrollo socioeconómico a largo plazo.

Además, el conflicto perpetúa los ciclos de pobreza y dependencia económica. Las familias afectadas por la violencia suelen perder sus medios de subsistencia y el acceso a los servicios esenciales, lo que tiene efectos negativos duraderos en su bienestar económico y social. El desempleo, que ya era elevado antes del conflicto, sigue aumentando debido a la destrucción de empresas y fuentes de trabajo, lo que dificulta que muchas personas puedan mantenerse a sí mismas y a sus familias.

En el frente social, los conflictos socavan la cohesión comunitaria y alimentan la división y la desconfianza entre los grupos étnicos, religiosos y políticos. Las heridas emocionales y psicológicas causadas por los conflictos pueden durar generaciones y afectar las relaciones interpersonales, la confianza en el liderazgo político y la percepción de la justicia social. Además, la violencia y la inestabilidad pueden aumentar el riesgo de radicalización y reclutamiento por parte de grupos extremistas, amenazando la seguridad y la estabilidad de la región en su conjunto.

A nivel ambiental, el conflicto tiene efectos devastadores en el ecosistema local. La destrucción de la infraestructura, el uso indiscriminado de armas y municiones y la contaminación del suelo y los recursos hídricos tienen un impacto duradero en la biodiversidad, la calidad del aire y el agua y el equilibrio ecológico de la región. Estos efectos pueden tener consecuencias a largo plazo en la salud humana y la agricultura, comprometiendo la seguridad alimentaria y aumentando el riesgo de enfermedades relacionadas con la contaminación ambiental.

Por último, el conflicto tiene importantes implicaciones geopolíticas y afecta a las relaciones entre Israel, los países vecinos y la comunidad internacional. Las tensiones regionales pueden alimentar conflictos más grandes y prolongados, amenazando la paz y la seguridad mundiales. Además, el conflicto puede afectar las políticas exteriores y la seguridad nacional de otros países, con consecuencias a largo plazo para la estabilidad geopolítica y la cooperación internacional.

En conclusión, los efectos a largo plazo del conflicto entre Israel y Hamás en la región son profundos y generalizados, y afectan a múltiples aspectos de la vida socioeconómica, política, ambiental y geopolítica. Abordar estos desafíos requerirá un compromiso colectivo y continuo de todas las partes interesadas, junto con un firme apoyo de la comunidad internacional, para promover la paz duradera, la justicia social y el desarrollo sostenible en la región.

Los efectos a largo plazo del conflicto entre Israel y Hamás en la región son múltiples y pueden analizarse desde diferentes puntos de vista. En primer lugar, a nivel socioeconómico, el conflicto tiene consecuencias devastadoras que se extienden mucho más allá de la duración de los enfrentamientos militares. La destrucción de infraestructuras cruciales, como carreteras, escuelas, hospitales e instalaciones de agua y energía, crea un vacío que lleva años, si no décadas, llenar. La reparación y la reconstrucción requieren grandes inversiones financieras, que pueden desviar recursos de otros sectores, como la salud, la educación y el desarrollo social y económico.

Además, el conflicto alimenta la desigualdad económica y social. Las personas y comunidades más vulnerables, como los refugiados, los discapacitados y los ancianos, suelen ser las más afectadas

por la violencia y la destrucción. La pérdida de los medios de subsistencia, el desplazamiento forzado y el trauma emocional pueden llevar a una mayor marginación y pobreza, creando ciclos de vulnerabilidad que pueden persistir durante muchas generaciones.
Desde una perspectiva ambiental, el conflicto tiene impactos duraderos en el ecosistema local.

La contaminación del suelo y el agua por artefactos explosivos y productos químicos sin detonar puede dañar irreparablemente la biodiversidad y comprometer la seguridad alimentaria e hídrica en la región. Además, la destrucción de los hábitats naturales y la pérdida de recursos naturales pueden tener consecuencias a largo plazo en la capacidad de la región para sustentar la vida humana y animal.

En el frente político, el conflicto puede llevar a un aumento de la inestabilidad y la radicalización. Las comunidades afectadas pueden sentirse abandonadas por las instituciones políticas existentes y buscar alternativas más extremas. Los grupos extremistas pueden aprovechar el caos y la incertidumbre para reclutar nuevos miembros y promover su agenda violenta. Esto puede conducir a un ciclo perpetuo de violencia e inestabilidad que socava la paz y la seguridad en la región.

Por último, los efectos a largo plazo del conflicto también se extienden a la esfera internacional. Las tensiones regionales pueden afectar las relaciones diplomáticas y comerciales entre los países vecinos y sus aliados. Además, el conflicto puede tener implicaciones para la política exterior y la seguridad nacional de otros países, con consecuencias a largo plazo para la estabilidad geopolítica mundial.
En conclusión, los efectos a largo plazo del conflicto entre Israel y Hamás en la región son complejos y múltiples, y afectan a múltiples aspectos de la vida social, económica, política y ambiental.

Abordar estos desafíos requiere el compromiso continuo de todas las partes involucradas, junto con un apoyo significativo de la comunidad internacional, para promover la paz, la estabilidad y el desarrollo sostenible en la región.

Los efectos a largo plazo del conflicto entre Israel y Hamás en la región pueden analizarse desde múltiples perspectivas, ya que afectan profundamente a la vida de millones de personas y tienen importantes implicaciones para el desarrollo social, económico, político y ambiental de la región en su conjunto.

En primer lugar, a nivel socioeconómico, el conflicto tiene un impacto devastador en la estabilidad y la prosperidad de las comunidades involucradas. La destrucción de infraestructuras críticas, como carreteras, puentes, edificios gubernamentales e instalaciones de servicios públicos, retrasa la recuperación económica y aumenta la dependencia de la asistencia humanitaria. Las familias y las empresas afectadas por los daños pueden tardar años en recuperarse, y muchas personas pueden encontrarse en una situación de pobreza crónica debido a la pérdida de sus medios de subsistencia y viviendas.

Además, el conflicto tiene efectos duraderos en la salud mental y física de las personas involucradas. El trauma psicológico causado por la violencia y la pérdida puede persistir durante años después de que termine el conflicto, afectando la calidad de vida y la capacidad para hacer frente a los desafíos diarios. La falta de acceso a los servicios de salud básicos y la destrucción de la infraestructura de salud pueden aumentar la vulnerabilidad de las personas a las enfermedades y lesiones prolongadas.

En el plano político, el conflicto alimenta la polarización y el extremismo, creando profundas divisiones dentro de las comunidades y obstaculizando la búsqueda de soluciones pacíficas y duraderas. Las luchas por el poder y el control territorial pueden alimentar nuevos ciclos de violencia e inestabilidad, socavar la confianza en el proceso político y debilitar las instituciones democráticas.

Desde una perspectiva ambiental, el conflicto tiene impactos destructivos en los ecosistemas locales y en los recursos naturales de la región. La contaminación del suelo, el agua y el aire por artefactos explosivos sin estallar y productos químicos tóxicos puede dañar irreparablemente la biodiversidad y comprometer la seguridad alimentaria e hídrica en la región. La destrucción de los hábitats naturales y la pérdida de recursos naturales pueden tener consecuencias a largo plazo en la capacidad de la región para sustentar la vida humana y animal.

Por último, a nivel geopolítico, el conflicto tiene importantes implicaciones para las relaciones regionales e internacionales. Las tensiones entre Israel y los países vecinos pueden afectar el equilibrio de poder en la región y tener consecuencias a largo plazo en la seguridad y la estabilidad mundiales. Las políticas exteriores de otros países pueden estar influenciadas por la dinámica del conflicto, con posibles consecuencias para la cooperación internacional y la paz mundial.

En conclusión, los efectos a largo plazo del conflicto entre Israel y Hamás en la región son profundos y complejos y afectan a múltiples aspectos de la vida social, económica, política y ambiental. Abordar estos desafíos requiere el compromiso continuo de todas las partes involucradas, junto con un apoyo significativo de la comunidad internacional, para promover la paz, la estabilidad y el desarrollo sostenible en la región.

En conclusión, los efectos a largo plazo del conflicto entre Israel y Hamás en la región son extremadamente complejos y afectan profundamente a las vidas de los involucrados y al desarrollo de la región en su conjunto. Estos efectos se manifiestan en múltiples frentes, desde la economía hasta la política, desde la salud hasta el medio ambiente, y crean desafíos duraderos que requieren un compromiso continuo y sostenido para abordarlos de manera efectiva.

A nivel socioeconómico, el conflicto conduce a la desintegración de las estructuras sociales y económicas, con consecuencias que perduran años después del final de los combates. La destrucción de la infraestructura, la pérdida de vidas y medios de subsistencia y la inestabilidad política socavan la capacidad de las comunidades para reconstruir y progresar, lo que contribuye a un círculo vicioso de pobreza y dependencia.

En el frente político, el conflicto alimenta la polarización y el extremismo, lo que dificulta la búsqueda de soluciones pacíficas y la construcción de instituciones democráticas e inclusivas. La falta de confianza mutua y voluntad política puede llevar a la perpetuación del conflicto y a nuevas violaciones de los derechos humanos y las libertades civiles.

Desde un punto de vista ambiental, el conflicto tiene efectos devastadores en los ecosistemas y recursos naturales locales, lo que compromete la capacidad de la región para sustentar la vida humana y animal a largo plazo. La contaminación del suelo, el agua y el aire, junto con la pérdida de hábitats naturales, amenazan la biodiversidad y la seguridad alimentaria e hídrica de la región.

Por último, a nivel geopolítico, el conflicto tiene importantes implicaciones para la seguridad y la estabilidad de la región y del mundo. Las tensiones entre Israel y los países vecinos pueden afectar el equilibrio de poder en la región y tener consecuencias a largo plazo para la paz mundial y la cooperación internacional.

Abordar los efectos a largo plazo del conflicto requiere el compromiso continuo de todas las partes involucradas, junto con un apoyo significativo de la comunidad internacional. Solo mediante el diálogo inclusivo, la cooperación y la búsqueda de soluciones pacíficas podemos esperar superar las divisiones y el sufrimiento causados por el conflicto y construir un futuro mejor para todos los involucrados en la región.

12. Perspectivas para una solución pacífica y
sostenible.

Las perspectivas de una solución pacífica y
sostenible del conflicto entre Israel y Hamás
requieren un enfoque integral y multilateral que
aborde las raíces profundas del conflicto y
promueva el diálogo, el entendimiento mutuo y
la cooperación entre todas las partes
involucradas. Estos son algunos elementos clave
que podrían contribuir a dicha solución:

1. Diálogo y negociaciones: Es esencial entablar
un diálogo constructivo y entablar negociaciones
con la mediación dc terceros para abordar las
preocupaciones y aspiraciones de ambas partes
en el conflicto. Esto puede incluir cuestiones
como las fronteras territoriales, la seguridad, los
derechos humanos y la autodeterminación de los
pueblos.

2. Respeto del derecho internacional: Todas las partes involucradas deben comprometerse a respetar el derecho internacional humanitario y los derechos humanos, incluidas las obligaciones derivadas de los Convenios de Ginebra y las resoluciones de las Naciones Unidas. Esto incluye la protección de los civiles, la prohibición de los ataques indiscriminados y el fin de la ocupación ilegal de territorios.

3. Fomentar la confianza: es necesario crear mecanismos e instituciones que fomenten la confianza mutua entre Israel y Hamás. Esto podría incluir medidas para garantizar la seguridad fronteriza, el cese de las hostilidades, el intercambio de prisioneros y la mejora de las condiciones de vida en la Franja de Gaza.

4. Reconciliación entre palestinos: el movimiento hacia una solución pacífica también requiere un compromiso con la reconciliación entre los palestinos de Hamás y Fatah. Esto podría implicar la formación de un gobierno de

unidad nacional palestino que represente a todos los palestinos y pueda negociar con Israel de manera unificada.

5. Inversiones en el desarrollo económico y social: Para mantener una paz duradera, es necesario invertir en infraestructura, educación, salud y desarrollo económico en la región. Esto puede ayudar a mejorar las condiciones de vida de la población y reducir las tensiones sociales y económicas que alimentan el conflicto.

6. Involucrar a la comunidad internacional: La comunidad internacional debe desempeñar un papel activo para facilitar el diálogo y la negociación entre Israel y Hamás. Esto podría incluir el apoyo diplomático, la asistencia humanitaria y el desarrollo económico, así como la supervisión y el seguimiento de la implementación de cualquier acuerdo de paz.

7. Visión a largo plazo: Es importante que todas
las partes involucradas en el conflicto adopten
una visión a largo plazo y se comprometan con
una paz duradera basada en la justicia, la
igualdad y el respeto mutuo. Esto requiere un
cambio cultural y político profundo que pueda
superar las divisiones y los prejuicios del
pasado.

En conclusión, una solución pacífica y
sostenible al conflicto entre Israel y Hamás solo
es posible mediante el diálogo, el respeto mutuo
y el compromiso de abordar las causas
fundamentales del conflicto. Se necesita un
enfoque inclusivo y multilateral que involucre a
todas las partes interesadas y promueva una
visión compartida para un futuro de paz y
prosperidad en la región.

Para delinear mejor las perspectivas de una
solución pacífica y sostenible al conflicto entre
Israel y Hamás, es esencial considerar los
diversos factores y enfoques que podrían
contribuir a lograr ese objetivo.

1. Participación de la sociedad civil: La participación activa de la sociedad civil, incluidos los grupos religiosos, las organizaciones no gubernamentales y los activistas de derechos humanos, puede desempeñar un papel importante en la promoción del diálogo, el entendimiento mutuo y la consolidación de la paz. La participación de las comunidades locales y los grupos marginados en la definición de soluciones puede garantizar una mayor legitimidad y sostenibilidad de los procesos de paz.

2. Enfoque gradual: una solución pacífica del conflicto a menudo requiere un enfoque gradual y flexible que tenga en cuenta las diferentes opiniones, intereses y preocupaciones de las partes involucradas. Esto podría implicar establecer objetivos a corto y largo plazo, con medidas concretas para abordar los problemas más apremiantes y fomentar la confianza a lo largo del tiempo.

3. Respeto de las aspiraciones nacionales y los derechos humanos: cualquier solución pacífica debe respetar las aspiraciones nacionales y los derechos fundamentales de todas las personas involucradas en el conflicto, incluido el derecho a la autodeterminación y la seguridad. Esto requiere un compromiso con la justicia social, la igualdad y el respeto de los derechos humanos de todas las personas, independientemente de su etnia, religión o afiliación política.

4. Enfoque basado en los principios de la justicia y el perdón: un elemento crucial en la construcción de la paz es la promoción de una cultura de justicia y perdón que permita a las comunidades afrontar el pasado y reconciliarse con él. Esto puede implicar la creación de mecanismos de justicia transicional, como comisiones de la verdad y la reconciliación, que permitan a las víctimas contar sus historias y a los autores de violaciones de derechos humanos asumir la responsabilidad de sus actos.

5. Desarrollo de instituciones democráticas e
inclusivas: una solución pacífica requiere el
desarrollo de instituciones democráticas e
inclusivas que representen y respeten las
diversas identidades y opiniones presentes en la
región. Esto puede incluir reformas
constitucionales, elecciones libres y
transparentes y el fortalecimiento del estado de
derecho y las instituciones democráticas.

6. Apoyo internacional: La comunidad
internacional debe seguir desempeñando un
papel activo en el apoyo a los procesos de paz y
en la prestación de asistencia humanitaria y
desarrollo económico a la región. Esto podría
incluir el apoyo financiero, técnico y político a
las negociaciones de paz, así como la
supervisión y la evaluación de la aplicación de
los acuerdos alcanzados.

En conclusión, las perspectivas de una solución
pacífica y sostenible del conflicto entre Israel y

Hamás son complejas y requieren un enfoque multifacético que tenga en cuenta las diferentes dimensiones del conflicto e involucre activamente a todas las partes interesadas. Solo mediante un compromiso constante y un diálogo constructivo es posible esperar superar las divisiones y construir una paz duradera en la región.

Continuando con el análisis de las perspectivas de una solución pacífica y sostenible al conflicto entre Israel y Hamás, podemos explorar otras consideraciones y estrategias que podrían contribuir a lograr este objetivo.

7. Reducir las tensiones y fomentar la confianza: es crucial tomar medidas para reducir las tensiones y fomentar la confianza entre las partes en conflicto. Esto podría incluir el cese de los ataques militares y las operaciones de represalia, la liberación de los presos políticos y la garantía del acceso humanitario a los habitantes de Gaza. La creación de zonas de

amortiguamiento o mecanismos de alerta temprana podría ayudar a prevenir la escalada de las hostilidades.

8. Inclusión de mujeres y jóvenes: la participación activa de las mujeres y los jóvenes en la toma de decisiones y los procesos de paz puede conducir a soluciones más inclusivas y sostenibles. Las mujeres y los jóvenes pueden aportar diversas perspectivas e innovaciones creativas para resolver conflictos y promover la paz a nivel local y nacional.

9. Reformas políticas y económicas: la implementación de reformas políticas y económicas puede ayudar a crear las condiciones para una paz duradera. Esto podría incluir la promoción de la transparencia, la rendición de cuentas y la buena gobernanza, así como medidas para combatir la corrupción y reducir las desigualdades socioeconómicas. Las inversiones en educación, formación profesional y empleo juvenil pueden reducir las tensiones

sociales y económicas y promover la estabilidad a largo plazo.

En conclusión, las perspectivas de una solución pacífica y sostenible al conflicto entre Israel y Hamás son complejas y desafiantes, pero no imposibles de lograr. Está claro que abordar el conflicto requerirá un compromiso constante y coordinado de todas las partes involucradas, así como un apoyo significativo de la comunidad internacional. Es crucial adoptar un enfoque integral y multilateral que aborde las causas fundamentales del conflicto y promueva la justicia, la igualdad y el respeto mutuo.

Esto significa entablar un diálogo constructivo y entablar negociaciones con la mediación de terceros, respetando al mismo tiempo las aspiraciones nacionales y los derechos fundamentales de todos los involucrados en el conflicto. También significa invertir en reducir las tensiones, fomentar la confianza e incluir a las mujeres y los jóvenes en los procesos de paz. Además, es esencial promover las reformas políticas y económicas, apoyar la reconstrucción y el desarrollo socioeconómico de la región y promover la educación para la paz y la tolerancia.

Solo mediante un compromiso constante y una cooperación eficaz es posible esperar superar las divisiones y construir una paz duradera en la región. Es importante que todas las partes involucradas mantengan un compromiso sincero con una solución pacífica, dejando de lado las diferencias y trabajando juntas por el bien común. Con determinación, tolerancia y voluntad política, una solución pacífica al conflicto entre Israel y Hamás puede convertirse en una realidad, que beneficie no solo a las poblaciones involucradas, sino a toda la región y más allá.

7. Papel de las organizaciones internacionales en la gestión de conflictos.

El papel de las organizaciones internacionales en la gestión del conflicto entre Israel y Hamás es de fundamental importancia para promover la paz, proteger los derechos humanos y proporcionar asistencia humanitaria a las poblaciones afectadas por el conflicto. Estas son algunas de las principales contribuciones de las organizaciones internacionales:

1. Mediación y negociación: las organizaciones internacionales, como las Naciones Unidas y la Unión Europea, pueden desempeñar un papel clave en la mediación y las negociaciones para resolver el conflicto. Pueden facilitar el diálogo entre las partes en conflicto, ofrecer plataformas neutrales para las negociaciones y proporcionar asistencia técnica para desarrollar soluciones pacíficas y sostenibles.

2. Monitoreo y observación: Las organizaciones internacionales pueden desempeñar un papel importante en la supervisión del cumplimiento del derecho internacional humanitario y los derechos humanos durante el conflicto. Pueden enviar misiones de observación sobre el terreno para recopilar información sobre los presuntos abusos y violaciones y para presionar a las partes en conflicto para que pongan fin a las violaciones y protejan a los civiles.

3. Asistencia humanitaria: las organizaciones internacionales, como la UNRWA (Agencia de las Naciones Unidas para los Refugiados de Palestina) y el CICR (Comité Internacional de la Cruz Roja), brindan asistencia humanitaria vital a las poblaciones afectadas por el conflicto. Pueden distribuir ayuda alimentaria, brindar atención médica de emergencia, garantizar el acceso al agua potable y

brindar refugio y protección a los civiles desplazados.

4. Gestión de crisis: las organizaciones internacionales pueden desempeñar un papel clave en la gestión de las crisis humanitarias y en la respuesta rápida a las emergencias. Pueden coordinar los esfuerzos de ayuda, movilizar recursos financieros y técnicos y garantizar una distribución justa y eficaz de la ayuda humanitaria.

5. Promoción de la paz y la reconciliación: las organizaciones internacionales pueden apoyar las iniciativas de paz y reconciliación entre las comunidades involucradas en el conflicto. Pueden promover el diálogo intercultural, apoyar los programas educativos para la paz y la tolerancia y facilitar las reuniones entre los representantes de la comunidad para promover el entendimiento mutuo y la coexistencia pacífica.

6. Fortalecimiento de las instituciones: las organizaciones internacionales pueden apoyar el fortalecimiento de las instituciones democráticas, el respeto por el estado de derecho y la buena gobernanza en la región. Pueden proporcionar asistencia técnica y financiera para mejorar la gobernanza, promover la transparencia y la rendición de cuentas y proteger los derechos fundamentales de los ciudadanos. En conclusión, el papel de las organizaciones internacionales en la gestión del conflicto entre Israel y Hamás es crucial para promover la paz, proteger a los civiles y prestar asistencia humanitaria a las poblaciones afectadas. Mediante la mediación y las negociaciones, la supervisión y la observación, la asistencia humanitaria, la gestión de crisis, la promoción de la paz y la reconciliación y el fortalecimiento de las instituciones, las organizaciones internacionales pueden contribuir de manera significativa a los esfuerzos por resolver el conflicto y construir una paz duradera en la región.

En conclusión, el papel de las organizaciones internacionales en la gestión del conflicto entre Israel y Hamás es esencial para abordar los desafíos humanitarios, promover la paz y garantizar el respeto del derecho internacional. Sin embargo, es importante reconocer que el éxito de las iniciativas de las organizaciones internacionales depende de la cooperación y la voluntad política de las partes involucradas en el conflicto.

Las organizaciones internacionales deben seguir desempeñando un papel activo en la promoción del diálogo, la mediación y las negociaciones entre Israel y Hamás, alentando a ambas partes a comprometerse con un proceso de paz inclusivo y sostenible. Al mismo tiempo, deben seguir supervisando el respeto del derecho internacional humanitario y los derechos humanos, denunciando las violaciones y proporcionando asistencia humanitaria a las poblaciones afectadas por el conflicto.

Además, las organizaciones internacionales deben apoyar las iniciativas de reconciliación y consolidación de la paz a nivel local y nacional, promoviendo el entendimiento mutuo, la tolerancia y la coexistencia pacífica entre las comunidades involucradas en el conflicto. También deben trabajar con los actores regionales e internacionales para abordar las causas fundamentales del conflicto y promover una solución política que respete las aspiraciones de ambas partes.

Sin embargo, es importante reconocer que el papel de las organizaciones internacionales tiene sus limitaciones y que la solución del conflicto exige el compromiso sincero y la voluntad política de todas las partes involucradas. Solo mediante un enfoque multilateral e inclusivo, que involucre a todas las partes interesadas y aborde las causas fundamentales del conflicto, podemos esperar lograr una paz duradera en la región.

La participación de las organizaciones internacionales en la gestión del conflicto entre Israel y Hamás representa un pilar importante para la resolución pacífica y sostenible del conflicto. Sin embargo, su papel es solo una parte de un panorama más amplio que requiere un compromiso global y una cooperación internacional sin precedentes.

Las organizaciones internacionales deben seguir desempeñando un papel proactivo para facilitar el diálogo, la mediación y las negociaciones entre las partes en conflicto, alentando un enfoque inclusivo y multilateral que tenga en cuenta las aspiraciones legítimas de ambas partes. Al mismo tiempo, deben redoblar sus esfuerzos para supervisar y denunciar las violaciones del derecho internacional humanitario y los derechos humanos, garantizando la protección de los civiles y proporcionando asistencia humanitaria a las comunidades afectadas por el conflicto.

Sin embargo, para garantizar el éxito de estas iniciativas, es crucial contar con el pleno apoyo y la cooperación de todas las partes involucradas en el conflicto.

7. Reacciones de la diáspora palestina e israelí ante el conflicto.

Las reacciones de la diáspora palestina e israelí ante el conflicto entre Israel y Hamás reflejan una amplia gama de opiniones, sentimientos y posiciones políticas. Estas son algunas de las reacciones más destacadas:

1. Diáspora palestina:

• Solidaridad y apoyo: muchos miembros de la diáspora palestina expresan su solidaridad y apoyo al pueblo palestino y condenan la ocupación israelí y las acciones militares en Palestina. Este apoyo puede manifestarse a través de protestas, recaudaciones de fondos para las personas desplazadas y las víctimas del conflicto, campañas de sensibilización y promoción a nivel internacional.

• Ira y frustración: la diáspora palestina puede sentir ira y frustración por las continuas violaciones de los derechos humanos y las condiciones de vida bajo la ocupación israelí. Las acciones militares israelíes contra Gaza y otras zonas palestinas alimentan aún más esta ira y frustración, lo que lleva a algunos miembros de la diáspora a movilizarse y actuar en defensa de los derechos del pueblo palestino.

• Exigir justicia y derechos: muchos miembros de la diáspora palestina exigen justicia, derechos y autodeterminación para el pueblo palestino. Apoyan la necesidad de una solución política que ponga fin a la ocupación y colonización israelíes y que garantice el derecho al retorno de los refugiados palestinos y la creación de un estado palestino independiente.

2. Diáspora israelí:

• Apoyo a la seguridad de Israel: muchos miembros de la diáspora israelí expresan su apoyo a la seguridad de Israel y su defensa contra los cohetes lanzados por Hamás y otras organizaciones palestinas. Justifican las acciones militares de Israel por considerarlas necesarias para proteger al país de los peligros de seguridad y garantizar la supervivencia del pueblo israelí.

• Preocupación por la seguridad: algunos miembros del
La diáspora israelí puede estar preocupada por la seguridad de sus familiares y amigos en Israel, especialmente durante los períodos de escalada del conflicto. Pueden apoyar las acciones del gobierno israelí para proteger a la población civil y garantizar la seguridad del país.

• Críticas al gobierno: sin embargo, también hay miembros de la diáspora israelí que critican las políticas del gobierno israelí hacia los palestinos y el conflicto en general. Pueden apoyar iniciativas en favor de la paz, el diálogo y la reconciliación entre israelíes y palestinos, y pueden oponerse a la ocupación y colonización de los territorios palestinos. En conclusión, las reacciones de la diáspora palestina e israelí ante el conflicto reflejan una gama compleja de perspectivas y posiciones. Si bien algunos expresan su solidaridad y apoyo a su pueblo, otros buscan promover la paz y la justicia a través del diálogo y la colaboración intercomunitarios. Sin embargo, tanto la diáspora palestina como la israelí desempeñan un papel importante a la hora de configurar el debate público e influir en las políticas nacionales e internacionales relacionadas con el conflicto.

15. Análisis de los tratados y acuerdos anteriores que han influido en la situación actual.

El análisis de los tratados y acuerdos anteriores que influyeron en la situación actual del conflicto entre Israel y Hamás proporciona un marco importante para comprender la dinámica del conflicto y sus orígenes. He aquí un resumen de los principales tratados y acuerdos que han influido en la situación actual:

1. Declaración Balfour (1917): Esta declaración, emitida por el gobierno británico durante la Primera Guerra Mundial, expresó el apoyo británico al establecimiento de un «hogar nacional para el pueblo judío» en Palestina. Esto sentó las bases del movimiento sionista y contribuyó a la colonización judía de Palestina.

2. Mandato británico de Palestina (1922-1948): El mandato británico establecido

por la Sociedad de las Naciones otorgó al Reino Unido la administración de Palestina después de la Primera Guerra Mundial, lo que provocó tensiones entre las poblaciones judía y árabe de Palestina y un aumento de la violencia.

3. Plan de partición de las Naciones Unidas (1947): Este plan proponía la división de Palestina en dos estados, uno judío y otro árabe, con Jerusalén como ciudad internacional. Aunque los judíos lo aceptaron, fue rechazado por los estados árabes y condujo a la guerra árabe-israelí de 1948 y al éxodo palestino (Nakba).

4. Armisticio de 1949: Tras la guerra de 1948, se firmaron acuerdos de armisticio entre Israel y los países árabes vecinos (Egipto, Jordania, Siria y Líbano). Estos acuerdos delinearon líneas de alto el fuego temporales, pero no resolvieron los problemas fundamentales del conflicto.

5. Resolución 242 (1967) del Consejo de
Seguridad de las Naciones Unidas: Esta
resolución, adoptada tras la Guerra de los
Seis Días de 1967, hizo hincapié en el
principio de la «retirada de Israel de las
tierras ocupadas» a cambio del
«reconocimiento de la soberanía, la
integridad territorial y la independencia
política de todos los estados de la región y
su derecho a vivir en paz dentro de
fronteras seguras y reconocidas».

6. Acuerdos de Oslo (1993-1995): Estos
acuerdos de Oslo establecieron un proceso
de paz entre Israel y la Organización de
Liberación de Palestina (OLP), que preveía
la autonomía palestina en los territorios
ocupados mediante el establecimiento de
la Autoridad Palestina. Sin embargo, el
proceso de paz ha encallado y no ha llevado
a una solución definitiva del conflicto.

7. Plan de paz de Camp David (2000): Este
plan, negociado entre Israel y la Autoridad
Palestina con la mediación de los Estados

Unidos, buscaba resolver los problemas
fundamentales del conflicto, incluido el
estatuto de Jerusalén, las fronteras finales
y el regreso de los refugiados palestinos.
Sin embargo, las negociaciones fracasaron
y provocaron un aumento de la violencia.

8. Retirada unilateral de Gaza (2005):
Israel evacuó a los colonos israelíes y retiró
sus fuerzas militares de la Franja de Gaza
en 2005. Sin embargo, esta retirada no
condujo a una paz duradera, sino que
alimentó las tensiones entre Israel y
Hamás, que tomó el control de la Franja de
Gaza.
Estos tratados y acuerdos han ayudado a
dar forma a la situación actual del conflicto
entre Israel y Hamás, pero también han
puesto de relieve los desafíos persistentes
para lograr una paz duradera y una
solución política al conflicto.

En conclusión, el análisis de los tratados y
acuerdos anteriores que han influido en la
situación actual del conflicto entre Israel y

Hamás pone de relieve la complejidad y la persistencia de los desafíos para lograr una solución pacífica y sostenible del conflicto. Si bien estos tratados y acuerdos intentaron abordar las cuestiones fundamentales del conflicto, como la retirada de las tierras ocupadas, el reconocimiento mutuo y la creación de un estado palestino, muchos de ellos no lograron lograr una paz duradera.

La falta de aplicación plena de los acuerdos de paz, las violaciones del derecho internacional humanitario y de los derechos humanos por ambas partes, la escalada de la violencia y la ausencia de un proceso de negociación efectivo han contribuido a mantener el conflicto en un estado de estancamiento e inestabilidad.

Además, la falta de confianza mutua entre las partes, la presencia de actores externos con intereses divergentes en la región y las profundas divisiones políticas y sociales han complicado aún más el proceso de paz.

Para hacer frente a estos desafíos y avanzar hacia una solución pacífica, será necesario un compromiso renovado de todas las partes involucradas, el apoyo de la comunidad internacional y un enfoque basado en el respeto del derecho internacional, los derechos humanos y las aspiraciones legítimas de las dos poblaciones involucradas en el conflicto. Solo mediante un proceso de negociación inclusivo y el compromiso de fomentar la confianza y la voluntad política por parte de todos los protagonistas será posible lograr una paz duradera y una solución política que respete los derechos y las aspiraciones de todos los pueblos de la región.

16. Papel de los Estados Unidos y otras potencias mundiales en el conflicto.

El papel de los Estados Unidos y otras potencias mundiales en el conflicto entre Israel y Hamás ha sido importante y complejo a lo largo de los años. He aquí un resumen del papel que desempeñaron:

1. Estados Unidos:

• Apoyo militar y económico a Israel: Estados Unidos ha apoyado firmemente a Israel, proporcionando una asistencia militar y económica considerable. Este apoyo incluye armas avanzadas, ayuda financiera y protección diplomática.

• Mediación y facilitación de las negociaciones de paz: Estados Unidos ha intentado con frecuencia mediar en las negociaciones de paz entre Israel y sus vecinos, incluida la Autoridad Palestina. Sin embargo, los resultados de esos esfuerzos han sido variables y no se ha

logrado ningún progreso significativo hacia
una solución duradera.

• Respaldar la seguridad de Israel: Estados
Unidos ha apoyado el derecho de Israel a
defenderse y ha justificado sus acciones
militares como respuesta a los peligros
para la seguridad. Sin embargo, también se
ha criticado a los Estados Unidos por su
apoyo incondicional a Israel y por su falta
de imparcialidad ante el conflicto.

2. Unión Europea (UE):

• Promoción de la solución de dos estados:
la UE ha apoyado activamente una
solución de dos estados para el conflicto
israelí-palestino, que implica la creación de
un estado palestino independiente junto a
Israel. Apoyó las negociaciones de paz y
proporcionó asistencia económica y
humanitaria a los palestinos.

• Críticas a las violaciones de los derechos
humanos: La UE ha criticado abiertamente

las violaciones de los derechos humanos y del derecho internacional humanitario cometidas por ambas partes en el conflicto, incluida la expansión de los asentamientos israelíes en los territorios palestinos ocupados y el uso excesivo de la fuerza contra la población civil palestina.

3. Otras potencias mundiales:

• Rusia: Rusia desempeñó un papel marginal en el conflicto, ofreciendo ocasionalmente apoyo diplomático y organizando reuniones entre las partes involucradas en el conflicto. Sin embargo, su papel ha sido, en general, limitado en comparación con el de los Estados Unidos y la UE.

• Naciones árabes: las naciones árabes han desempeñado un papel importante en el apoyo a la causa palestina y en la promoción de iniciativas de paz a través de la Liga Árabe y otros foros regionales. Sin embargo, sus esfuerzos no siempre han estado coordinados y el conflicto sigue siendo un tema que divide al mundo árabe. En conclusión, los Estados Unidos y otras potencias mundiales han influido en el conflicto entre Israel y Hamás mediante su apoyo político, militar y económico, sus esfuerzos diplomáticos y su papel en la configuración del marco internacional. Sin embargo, la falta de una solución duradera y la persistencia de las tensiones en el conflicto indican la complejidad y el desafío de encontrar una solución pacífica que satisfaga las necesidades y aspiraciones de ambas partes involucradas. Los Estados Unidos y otras potencias mundiales han tenido un impacto significativo en el conflicto entre Israel y Hamás, afectando no solo al curso de los acontecimientos sobre el terreno, sino también a las negociaciones de paz y al marco internacional en su conjunto.

Los Estados Unidos, en particular, han desempeñado un papel central en el apoyo a Israel. Este apoyo se hizo evidente a través de la asistencia militar y económica, que ayudó a consolidar la posición de Israel como una de las principales potencias militares de la región. Este apoyo ha sido con frecuencia objeto de críticas, especialmente por parte de los países árabes y de muchos observadores internacionales, que lo han considerado un obstáculo para la paz y una perpetuación del status quo.

Sin embargo, los Estados Unidos no se han limitado a apoyar a Israel. También han desempeñado un papel mediador en los intentos de negociar una solución al conflicto. Varias administraciones estadounidenses han intentado facilitar las negociaciones de paz entre Israel y los palestinos, con resultados dispares. Por ejemplo, durante el proceso de Oslo de los años 90, Estados Unidos participó activamente como mediador, mientras que en los años siguientes hubo otros intentos de reiniciar las negociaciones de paz, a menudo sin un éxito duradero.

Fuera de los Estados Unidos, la Unión Europea ha desempeñado un papel importante en la promoción de la solución de dos Estados y en el apoyo a la autonomía palestina mediante la asistencia económica y humanitaria. Sin embargo, al igual que los Estados Unidos, la UE ha tenido dificultades para traducir este apoyo en avances tangibles hacia la paz, dada la complejidad del conflicto y la falta de voluntad política de ambas partes.

Al mismo tiempo, otras potencias mundiales, como Rusia, han intentado desempeñar un papel mediador en el conflicto, aunque su impacto ha sido limitado en comparación con los Estados Unidos y la UE.

En conclusión, el papel de los Estados Unidos y otras potencias mundiales en el conflicto entre Israel y Hamás ha sido complejo y controvertido. Si bien desempeñaron un papel importante en la configuración de los acontecimientos sobre el terreno y en las negociaciones de paz, los desafíos persistentes para lograr una solución duradera indican la complejidad del conflicto y la necesidad de un compromiso continuo por parte de la comunidad internacional.

Los Estados Unidos y otras potencias mundiales han influido en el conflicto entre Israel y Hamás de maneras diferentes y complejas a lo largo de los años. Para comprender plenamente su papel, es necesario analizar más de cerca algunos de los aspectos clave de esta dinámica.

1. Apoyo militar y económico a Israel: Estados Unidos ha mantenido un fuerte apoyo militar y económico a Israel, proporcionándole armas avanzadas, financiación y protección diplomática. Este apoyo ha sido una constante en la relación entre los dos países y ha tenido un impacto significativo en las capacidades de defensa de Israel en el conflicto con Hamás. Sin

embargo, este apoyo también ha suscitado críticas por parte de quienes creen que los Estados Unidos deberían comprometerse más con la promoción de la paz y los derechos humanos en la región.

2. Papel mediador y negociador: Estados Unidos ha intentado con frecuencia desempeñar un papel mediador en las negociaciones de paz entre Israel y los palestinos. Estos esfuerzos se pusieron de manifiesto en varias iniciativas, como el proceso de Oslo en los años 90 y las negociaciones de paz de Camp David en 2000. Sin embargo, a pesar de los esfuerzos, no se ha alcanzado ningún acuerdo duradero, y el papel de los Estados Unidos ha sido con frecuencia objeto de controversia y críticas por ambas partes.

3. Posiciones políticas e intereses nacionales: las posiciones de los Estados Unidos en el conflicto israelí-palestino suelen estar influenciadas por sus intereses nacionales y su dinámica política interna.

Si bien algunos gobiernos estadounidenses han adoptado una política más favorable a Israel, otros han intentado adoptar una posición más equilibrada y promover una solución negociada al conflicto. Sin embargo, la consistencia y la eficacia de esos esfuerzos han sido cuestionadas con frecuencia.

4. El papel de la Unión Europea y otras potencias mundiales: Otras potencias mundiales, como los miembros de la Unión Europea, también han desempeñado un papel importante en el conflicto, apoyando la solución de dos estados y proporcionando asistencia económica y humanitaria a los palestinos. Sin embargo, la falta de unidad y coordinación entre las potencias mundiales ha limitado su eficacia a la hora de promover la paz en la región.

En resumen, el papel de los Estados Unidos y otras potencias mundiales en el conflicto entre Israel y Hamás ha sido complejo y ha estado influenciado por una serie de factores, como el apoyo político y económico a Israel, los esfuerzos de mediación y negociación, las posiciones políticas nacionales y los intereses estratégicos. Sin embargo, a pesar de los esfuerzos, el conflicto sigue sin resolverse y la paz sigue escapando a la región.

Los Estados Unidos y otras potencias mundiales han desempeñado un papel de liderazgo en el conflicto entre Israel y Hamás, con un impacto que abarca múltiples aspectos políticos, económicos y militares. Uno de los elementos centrales de la participación internacional fue el apoyo de los Estados Unidos a Israel, que tuvo una influencia significativa en el curso del conflicto.

El apoyo de Estados Unidos a Israel tiene profundas raíces históricas, con vínculos políticos, económicos y militares que se remontan a muchas décadas. Este apoyo se ha traducido en suministros avanzados de armas, una ayuda financiera sustancial y

protección diplomática. Los Estados
Unidos han justificado con frecuencia este
apoyo como una expresión de solidaridad
con un aliado democrático en la región y
como una garantía de la seguridad de
Israel en un entorno geopolítico hostil.
Sin embargo, el apoyo de Estados Unidos a
Israel ha sido criticado por quienes apoyan
los derechos de los palestinos y promueven
una solución negociada al conflicto. Estos
críticos acusan a los Estados Unidos de
favoritismo hacia Israel y de haber
ayudado a perpetuar la ocupación de los
territorios palestinos y la violación de los
derechos humanos.

Además del apoyo directo a Israel, los
Estados Unidos también han desempeñado
un papel importante en los intentos de
negociar una solución al conflicto. En los
años 90, apoyaron el proceso de Oslo, que
llevó a la firma de los Acuerdos de Oslo
entre Israel y la Organización de
Liberación de Palestina (OLP). Sin
embargo, el proceso de Oslo no logró una
paz duradera, y el conflicto continuó con

períodos de escalada y negociaciones
fallidas.

Además de los Estados Unidos, otras
potencias mundiales, incluida la Unión
Europea (UE), han intentado desempeñar
un papel en la promoción de la paz en el
conflicto israelí-palestino. La UE ha
apoyado una solución de dos estados, que
implica la creación de un estado palestino
independiente junto a Israel. Sin embargo,
los esfuerzos de la UE con frecuencia se
han visto limitados por la falta de cohesión
interna y la dificultad de coordinar una
respuesta común a la compleja situación de
la región.

Además, otras potencias mundiales, como
Rusia y algunas naciones árabes, han
desempeñado un papel de mediación y de
apoyo a las negociaciones de paz. Sin
embargo, la participación de estas
potencias a menudo se ha visto limitada
por la divergencia de intereses nacionales y
regionales, lo que ha dificultado el logro de

un consenso sobre cómo abordar el conflicto.

En resumen, el papel de los Estados Unidos y otras potencias mundiales en el conflicto entre Israel y Hamás ha sido extremadamente complejo y controvertido. Si bien el apoyo de Estados Unidos a Israel ha sido constante a lo largo de los años, los esfuerzos internacionales para promover una solución pacífica y negociada al conflicto se han visto obstaculizados por la falta de cohesión y voluntad política por parte de las potencias mundiales.

En conclusión, la participación de los Estados Unidos y otras potencias mundiales en el conflicto entre Israel y Hamás tuvo un impacto significativo en el curso de los acontecimientos en la región. El apoyo de los Estados Unidos a Israel ha ayudado a reforzar la posición de Israel en el conflicto y a garantizar su seguridad, pero también ha suscitado críticas por su supuesto favoritismo y por apoyar políticas consideradas contrarias a los derechos humanos de los palestinos.

Sin embargo, los esfuerzos internacionales para promover la paz y una solución negociada del conflicto a menudo se han visto frustrados por la falta de cohesión y voluntad política por parte de las potencias mundiales. La complejidad de la dinámica regional, los intereses divergentes de las potencias mundiales y la falta de confianza mutua entre las partes han dificultado el logro de un consenso sobre cómo abordar el conflicto.

En este contexto, el conflicto entre Israel y Hamás continúa, con períodos de escalada de violencia seguidos de intentos de mediación y negociación. Sin embargo, la falta de una solución política y la persistencia de las tensiones en el conflicto indican la complejidad y el desafío de lograr una paz duradera y una solución que satisfaga las necesidades y aspiraciones de ambas partes involucradas.

17. Posibles implicaciones regionales del conflicto.

Las posibles implicaciones regionales del conflicto entre Israel y Hamás son diversas y complejas, y pueden afectar el equilibrio de poder, la estabilidad y la seguridad en toda la región de Oriente Medio. Algunas de estas implicaciones incluyen:

1. Desestabilización regional: el conflicto entre Israel y Hamás puede contribuir a la desestabilización de la región, alimentando las tensiones étnicas, religiosas y políticas que se extienden más allá de las fronteras de Israel y la Franja de Gaza. Esta inestabilidad puede alimentar los conflictos internos en los países vecinos e influir en una dinámica regional más amplia.

2. Radicalización y extremismo: los conflictos pueden alimentar la radicalización y el extremismo en toda la región, alimentando el resentimiento

contra Israel y sus partidarios. Esto puede llevar a un aumento de las actividades terroristas y a la proliferación de grupos extremistas que buscan explotar el conflicto para sus propios fines.

3. Desafíos a la estabilidad de países vecinos: Los países vecinos, como Egipto, Jordania y el Líbano, pueden verse afectados por la inestabilidad y la violencia que se extienden a través de las fronteras durante los períodos de escalada del conflicto. Esto puede poner a prueba la estabilidad interna de estos países y crear desafíos para la seguridad de sus fronteras.

4. Tensiones regionales: El conflicto puede aumentar las tensiones regionales entre Israel y sus vecinos árabes, así como entre los propios países árabes. Las reacciones de los países árabes ante el conflicto pueden variar: algunos apoyan abiertamente a Hamás y otros mantienen relaciones diplomáticas con Israel. Estas tensiones pueden tener un impacto

significativo en la dinámica geopolítica regional y en las relaciones diplomáticas.

5. Cambios en el marco geopolítico: el conflicto puede provocar cambios en el marco geopolítico de la región, con consecuencias para las alianzas regionales e internacionales. Por ejemplo, puede afectar a las relaciones entre Israel y países como Arabia Saudí, los Emiratos Árabes Unidos y otros estados del Golfo, que pueden ver el conflicto como un factor determinante en sus estrategias de seguridad y política exterior.

6. Implicaciones económicas: El conflicto puede tener importantes implicaciones económicas para la región, con daños a la infraestructura, interrupciones comerciales y pérdidas económicas. Esto puede agravar los desafíos económicos existentes en los países involucrados en el conflicto y tener repercusiones negativas en la economía regional en su conjunto.

En resumen, las implicaciones regionales del conflicto entre Israel y Hamás son complejas y pueden tener importantes consecuencias para la estabilidad, la seguridad y la economía de la región de Oriente Medio. Es esencial abordar el conflicto de manera integral y multilateral, involucrando a todos los actores regionales e internacionales interesados, a fin de mitigar sus consecuencias negativas y trabajar en pro de una solución pacífica y duradera.

Las implicaciones regionales del conflicto entre Israel y Hamás pueden explorarse más a fondo si se consideran las dinámicas específicas de ciertos países y grupos de la región de Oriente Medio.
En primer lugar, Egipto desempeña un papel clave en la gestión del conflicto, ya que limita con la Franja de Gaza y tiene una larga historia de mediación entre Israel y Hamás. Egipto ha desempeñado con frecuencia un papel mediador en tiempos de crisis entre las dos partes,

intentando negociar el alto el fuego y las negociaciones de paz. Sin embargo, los líderes egipcios también deben enfrentarse a desafíos internos relacionados con la seguridad de la frontera con Gaza y la prevención de la aparición del extremismo islámico en el Sinaí.

Jordania, otro vecino de Israel, tiene una población importante de origen palestino y tiene interés en mantener la estabilidad en la región. El conflicto entre Israel y Hamás puede tener un impacto en la estabilidad interna de Jordania, ya que las tensiones en el conflicto pueden alimentar el resentimiento entre los palestinos jordanos e influir en el debate político interno.

En el Líbano, el grupo militante Hezbolá tiene una estrecha relación con Hamás y puede estar involucrado en el conflicto de diversas maneras. Hezbolá puede brindar apoyo logístico y militar a Hamás durante los conflictos armados con Israel, lo que aumenta el riesgo de una mayor escalada del conflicto en la región. Además, la participación de Hezbolá también puede complicar aún más los esfuerzos de mediación internacionales y regionales para resolver el conflicto.

Al mismo tiempo, el conflicto entre Israel y Hamás puede influir en la dinámica política interna de otros países de la región, como Siria e Irak, donde los grupos militantes y los actores externos pueden tratar de explotar el conflicto para promover sus intereses. Además, las implicaciones regionales del conflicto pueden extenderse a las relaciones entre Israel y otros estados árabes, como Arabia Saudí y los Emiratos Árabes Unidos, que pueden verse influenciadas por las reacciones públicas ante la gestión del conflicto por parte de Israel y por la dinámica geopolítica más amplia de la región.

En resumen, las implicaciones regionales del conflicto entre Israel y Hamás son complejas e interconectadas, y afectan a una variedad de actores y dinámicas políticas, económicas y de seguridad en toda la región de Oriente Medio. La plena comprensión de estas implicaciones requiere un análisis detallado de las relaciones y dinámicas internas de cada país, así como de las interacciones entre los actores regionales e internacionales involucrados en el conflicto.

Además de los actores directamente involucrados en el conflicto entre Israel y Hamás, como el propio Israel, Hamás y la población palestina, es importante considerar la participación de otras naciones y grupos en la región de Oriente Medio y más allá.
Por ejemplo, Irán desempeñó un papel importante en el conflicto, proporcionando apoyo financiero, logístico y militar a Hamás. Irán ve a Hamás como un aliado clave en su estrategia para contrarrestar a Israel y en sus esfuerzos por extender su influencia en la región. El apoyo de Irán a Hamás puede avivar aún más el conflicto y aumentar el riesgo de una mayor escalada.

Del mismo modo, otros actores regionales, como Turquía, pueden influir en el conflicto mediante su apoyo político y diplomático a Hamás. Turquía ha intentado explotar el conflicto para promover sus intereses estratégicos y consolidar su posición en la región. La participación de Turquía puede tener implicaciones importantes para la dinámica del conflicto y para los esfuerzos de mediación y negociación.

Arabia Saudí y otros estados del Golfo también pueden desempeñar un papel en el conflicto, ya sea directamente a través de su apoyo financiero a los palestinos o indirectamente a través de su influencia política y diplomática en la región. Si bien estos estados han demostrado cierto grado de solidaridad con la causa palestina, sus intereses geopolíticos también pueden llevarlos a buscar un equilibrio entre el apoyo a los palestinos y el mantenimiento de las relaciones con Israel y los Estados Unidos.

Además, el conflicto entre Israel y Hamás puede tener implicaciones globales y afectar las relaciones internacionales y la política exterior de otros países fuera de la región. Por ejemplo, se puede pedir a Europa y los Estados Unidos que desempeñen un papel más activo en la promoción de una solución pacífica del conflicto y en la prestación de asistencia humanitaria a los palestinos afectados por el conflicto.

En resumen, las implicaciones regionales y globales del conflicto entre Israel y Hamás son extremadamente complejas e interconectadas, e involucran a una amplia gama de actores e intereses geopolíticos. La plena comprensión de estas implicaciones requiere un análisis detallado de la dinámica regional y global y de las interacciones entre los actores involucrados en el conflicto.

Además de la participación de actores individuales regionales y globales, también es importante considerar la dinámica de

las organizaciones internacionales y los
bloques políticos en el contexto del
conflicto entre Israel y Hamás.

Las Naciones Unidas desempeñan un papel
central en la supervisión de la situación
humanitaria en la Franja de Gaza y los
territorios palestinos ocupados, así como
en la promoción de una solución negociada
al conflicto. El OOPS (Agencia de las
Naciones Unidas para los Refugiados de
Palestina) proporciona asistencia
humanitaria y servicios básicos a la
población palestina, mientras que el
Consejo de Seguridad de las Naciones
Unidas tiene la tarea de abordar las
cuestiones de seguridad relacionadas con
el conflicto y promover la paz y la
seguridad en la región.

La Unión Europea (UE) también ha
desempeñado un papel importante en el
conflicto, proporcionando asistencia
económica y humanitaria a los palestinos y
apoyando una solución de dos estados

como forma de resolver el conflicto. Sin embargo, la UE también se ha visto dividida en algunos temas relacionados con el conflicto: algunos estados miembros apoyan una posición más crítica con respecto a Israel y otros mantienen relaciones más estrechas con el gobierno israelí.

Del mismo modo, otros actores regionales, como la Liga Árabe y la Organización de Cooperación Islámica (OCI), han intentado desempeñar un papel en la promoción de la paz y la seguridad en la región. Sin embargo, las divisiones internas entre los miembros de estos organismos pueden limitar su eficacia a la hora de promover la resolución del conflicto.

Por último, es importante considerar el papel de los bloques políticos regionales y mundiales en el contexto del conflicto. Por ejemplo, el Movimiento de los Países No Alineados y el Grupo de los 77 apoyaron la causa palestina y trataron de promover una solución negociada al conflicto. Del mismo modo, el G7 y otros bloques políticos occidentales apoyaron a Israel y trataron de influir en la resolución del conflicto mediante su apoyo político y diplomático. En resumen, la participación de organizaciones internacionales y bloques políticos en el conflicto entre Israel y Hamás refleja la complejidad y la interconexión de las dinámicas regionales y globales que influyen en la resolución del conflicto. Comprender plenamente el papel de estos actores requiere un análisis detallado de sus políticas, sus prioridades y sus interacciones con otros actores involucrados en el conflicto.

Las organizaciones internacionales, como la Cruz Roja y el Comité Internacional de la Cruz Roja (CICR), desempeñan un papel fundamental en la prestación de asistencia humanitaria durante el conflicto entre Israel y Hamás. Estas organizaciones se centran en la asistencia médica, el socorro alimentario y la asistencia a los refugiados, y trabajan para aliviar el sufrimiento de la población civil afectada por el conflicto.

La Cruz Roja y el CICR actúan independientemente de los gobiernos y los grupos en conflicto, siguiendo los principios de neutralidad, imparcialidad e independencia. Esto les permite acceder a las zonas afectadas por el conflicto y prestar asistencia humanitaria a las personas necesitadas, independientemente de su afiliación política o religiosa.

Las actividades de asistencia humanitaria incluyen la prestación de atención médica de emergencia, la distribución de alimentos y agua potable, la garantía del acceso a los servicios de salud básicos y la protección de los civiles de las violaciones graves del derecho internacional humanitario, como los ataques indiscriminados y la violencia contra los no combatientes.

Además, las organizaciones humanitarias internacionales, como Médicos Sin Fronteras (MSF) y Oxfam, desempeñan un papel clave en la prestación de asistencia médica y social a los palestinos afectados por el conflicto.

Estas organizaciones trabajan para garantizar que se satisfagan las necesidades humanitarias de la población civil y para promover el respeto de los derechos humanos y el derecho internacional humanitario.
Sin embargo, las organizaciones humanitarias suelen enfrentarse a importantes desafíos a la hora de prestar asistencia durante los conflictos, como los obstáculos al acceso, la falta de recursos y los riesgos para el personal humanitario. Los conflictos armados pueden hacer que el acceso a las zonas afectadas sea peligroso, poniendo en riesgo tanto a los trabajadores humanitarios como a las personas que necesitan asistencia.

Además, las organizaciones humanitarias pueden ser objeto de ataques o restricciones deliberados por parte de grupos en conflicto, lo que puede impedir o limitar su capacidad para operar de manera eficaz. Esto puede comprometer gravemente su capacidad de prestar asistencia vital a los civiles afectados por el conflicto.

A pesar de estos desafíos, la asistencia humanitaria proporcionada por las organizaciones internacionales sigue siendo crucial para mitigar el sufrimiento de la población civil durante el conflicto entre Israel y Hamás. La protección de los civiles y el respeto del derecho internacional humanitario deben ser la máxima prioridad para todas las partes involucradas en el conflicto, a fin de garantizar que las personas más vulnerables reciban la ayuda que necesitan desesperadamente.

Además de las organizaciones humanitarias, es importante considerar el papel de las instituciones financieras internacionales durante el conflicto entre Israel y Hamás. Estas instituciones, como el Fondo Monetario Internacional (FMI) y

el Banco Mundial, desempeñan un papel
fundamental en la prestación de asistencia
económica y en la reconstrucción de la
infraestructura en los territorios afectados
por el conflicto.

El FMI y el Banco Mundial proporcionan
financiación y asistencia técnica para
ayudar a los países a mitigar los efectos
económicos negativos del conflicto,
promoviendo la estabilidad económica y el
crecimiento sostenible. Esto puede incluir
la financiación de programas de desarrollo
económico, la reestructuración de la deuda
y el apoyo a las reformas estructurales para
mejorar la gobernanza económica.

Durante el conflicto entre Israel y Hamás,
el FMI y el Banco Mundial pueden
desempeñar un papel crucial en la
prestación de asistencia financiera y
técnica a la población palestina para
ayudarla a recuperarse de los devastadores
efectos del conflicto. Esto puede incluir el
apoyo al sector de la salud, la
reconstrucción de la infraestructura
destruida y el apoyo a las empresas locales

para que reanuden sus actividades económicas.

Sin embargo, las instituciones financieras internacionales también pueden enfrentarse a dificultades a la hora de prestar asistencia durante los conflictos, incluida la necesidad de garantizar que los fondos se utilicen de manera eficaz y transparente y que lleguen a quienes más los necesitan. El conflicto también puede complicar la distribución de la asistencia y la supervisión de los programas de desarrollo, debido a las restricciones de acceso y la falta de seguridad.

Además, las instituciones financieras internacionales pueden estar sujetas a presiones políticas por parte de las diferentes partes involucradas en el conflicto, lo que puede influir en las decisiones sobre la asignación de recursos y las políticas económicas. Es crucial que el FMI y el Banco Mundial mantengan su independencia e imparcialidad a la hora de prestar asistencia durante el conflicto, garantizando que las necesidades de la población civil estén en el centro de sus prioridades.

En resumen, el papel de las instituciones financieras internacionales durante el conflicto entre Israel y Hamás es crucial para garantizar el apoyo económico y la reconstrucción en los territorios afectados por el conflicto. Sin embargo, estas instituciones se enfrentan a importantes desafíos a la hora de prestar asistencia en un contexto de conflicto armado, incluidos los obstáculos al acceso y la presión política.

Además de las organizaciones humanitarias y las instituciones financieras internacionales, también es importante considerar el papel de las organizaciones no gubernamentales (ONG) durante el conflicto entre Israel y Hamás. Las ONG desempeñan un papel fundamental a la hora de proporcionar asistencia directa a la población civil durante el conflicto, y a menudo colman los vacíos dejados por las instituciones estatales e internacionales. Estas organizaciones pueden operar en áreas donde el gobierno y las agencias internacionales tienen dificultades para acceder, y ofrecen una amplia gama de servicios humanitarios y de desarrollo.

Las actividades de las ONG durante el conflicto pueden incluir la prestación de atención médica y psicológica a los heridos y traumatizados, la distribución de alimentos y artículos de primera necesidad a las familias afectadas, la prestación de asistencia educativa y la ayuda a reconstruir la infraestructura destruida. Además, las ONG desempeñan un papel crucial a la hora de supervisar el respeto de los derechos humanos y el derecho internacional humanitario por parte de todas las partes implicadas en el conflicto y a la hora de abogar por la protección de los civiles.

Durante el conflicto entre Israel y Hamás, las ONG locales e internacionales pueden desempeñar un papel clave en la prestación de asistencia a la población palestina en la Franja de Gaza y otras zonas afectadas por el conflicto. Estas organizaciones suelen operar en condiciones extremadamente difíciles, enfrentándose a obstáculos de acceso, amenazas a la seguridad y presiones políticas por parte de varios actores involucrados en el conflicto.

Sin embargo, a pesar de los desafíos, el papel de las ONG durante el conflicto es crucial para garantizar que se satisfagan las necesidades humanitarias de la población civil y se respeten los derechos humanos. Es crucial que las ONG mantengan su independencia y neutralidad y operen de manera imparcial para brindar asistencia a quienes más la necesitan, independientemente de su afiliación política o religiosa.

En resumen, las ONG desempeñan un papel esencial en la prestación de asistencia humanitaria y para el desarrollo durante el conflicto entre Israel y Hamás, garantizando que se satisfagan las necesidades de la población civil y que se respeten los derechos humanos. A pesar de los desafíos, estas organizaciones siguen trabajando con dedicación y compromiso para aliviar el sufrimiento de las personas afectadas por el conflicto.

Además de las organizaciones humanitarias, las instituciones financieras internacionales y las organizaciones no gubernamentales (ONG), también es importante considerar el papel de las redes de solidaridad y las iniciativas de base en el contexto del conflicto entre Israel y Hamás.

Las redes de solidaridad pueden surgir a nivel local, nacional e internacional en respuesta al conflicto, uniendo a personas, grupos y comunidades que comparten el compromiso común de apoyar a la población afectada y promover la paz y la justicia. Estas redes pueden organizar recaudaciones de fondos, campañas de sensibilización, protestas pacíficas y otras

acciones para hacer oír su voz y apoyar a
las personas más afectadas por el conflicto.

Las iniciativas básicas, por otro lado,
pueden ser iniciadas por individuos o
grupos pequeños que deseen hacer su
parte para aliviar el sufrimiento de la
población civil y promover la paz en la
región. Estas iniciativas pueden incluir la
recolección de artículos de primera
necesidad, la prestación de asistencia
directa a las familias afectadas, la
promoción del diálogo intercultural e
interreligioso y otras acciones concretas
para promover el entendimiento y la
reconciliación entre los grupos en
conflicto.

Las redes de solidaridad y las iniciativas de
base pueden desempeñar un papel
importante en el contexto del conflicto
entre Israel y Hamás, proporcionando un
apoyo tangible a la población afectada y
promoviendo un mayor compromiso civil
con la paz y la justicia. Estas iniciativas

pueden ayudar a aumentar la conciencia pública sobre las causas y las consecuencias del conflicto, fomentar la solidaridad entre personas de diferentes nacionalidades, etnias y religiones y promover un enfoque basado en los derechos humanos y la no violencia para la resolución de conflictos.

Sin embargo, es importante reconocer que las redes de solidaridad y las iniciativas de base también pueden enfrentarse a desafíos en el contexto del conflicto, como la represión por parte de las autoridades, las amenazas a la seguridad y la falta de recursos y apoyo. A pesar de estos desafíos, no se puede subestimar el papel de estas iniciativas en la construcción de la paz y la promoción de los derechos humanos y la justicia social, y su presencia y compromiso continuo son esenciales para construir un futuro de paz y prosperidad en la región.

En conclusión, las redes de solidaridad y las iniciativas de base desempeñan un papel vital en el contexto del conflicto entre Israel y Hamás, ya que ofrecen apoyo práctico y moral a la población civil afectada y promueven un compromiso civil con la paz y la justicia. Estas redes e iniciativas encarnan la empatía, la solidaridad y la determinación de las personas y las comunidades de todo el mundo para tratar de aliviar el sufrimiento humano y promover una cultura de paz y no violencia.

Sin embargo, para maximizar el impacto de estas iniciativas y redes de solidaridad, es esencial que reciban el apoyo y el reconocimiento de la comunidad internacional, los gobiernos y las instituciones. Esto puede incluir el apoyo financiero, la protección legal y política, así como la promoción de la educación y la conciencia pública sobre las causas y consecuencias del conflicto.

Además, es importante que las redes de solidaridad y las iniciativas de base sigan arraigadas en los principios de la no violencia, el respeto de los derechos humanos y la consolidación de la paz. Solo a través de un compromiso continuo y unificado con la paz y la justicia, estas redes pueden ayudar a sentar las bases para un futuro mejor y más equitativo para todos en la región de Oriente Medio. En última instancia, las redes de solidaridad y las iniciativas de base dan testimonio del ingenio y la resiliencia humanos, ofrecen esperanza y apoyo a quienes sufren en el contexto del conflicto entre Israel y Hamás y trabajan incansablemente para construir un mundo mejor para las generaciones futuras.

18. Historias de refugiados y desplazados por el conflicto.

Las historias de personas refugiadas y desplazadas por el conflicto entre Israel y Hamás ofrecen una valiosa perspectiva sobre las experiencias humanas directas y las devastadoras consecuencias del conflicto. Estas historias dan testimonio del dolor, la pérdida y la resiliencia de las personas involucradas, y destacan los desafíos a los que se enfrentan las comunidades afectadas y su deseo de paz y una vida digna.

Los refugiados y las personas desplazadas pueden provenir de una amplia gama de orígenes, incluidos los campos de refugiados en la Franja de Gaza y Cisjordania, así como de comunidades afectadas por los bombardeos y las operaciones militares. Sus historias pueden variar mucho, pero a menudo comparten elementos comunes como la desesperación, la separación familiar, la pérdida de hogares y medios de subsistencia, así como la lucha por acceder a servicios básicos como alimentos, agua potable y atención médica.

Las historias de personas refugiadas y desplazadas también pueden revelar el trauma psicológico y emocional causado por el conflicto, incluidos el trastorno de estrés postraumático, la depresión y la ansiedad. Estas experiencias pueden dejar una impresión duradera en las personas afectadas y afectar su salud mental, su bienestar emocional y sus relaciones interpersonales.

Sin embargo, a pesar de los desafíos enfrentados, las historias de personas refugiadas y desplazadas también pueden inspirar esperanza y resiliencia. Muchas personas afectadas por el conflicto demuestran una extraordinaria capacidad de adaptación y una determinación para reconstruir sus vidas y comunidades. Gracias al apoyo mutuo, la solidaridad y la movilización comunitaria, muchas personas encuentran la fuerza para hacer frente a la adversidad y buscar un futuro mejor para ellas y sus seres queridos.

Además, las historias de personas refugiadas y desplazadas pueden desempeñar un papel crucial a la hora de concienciar al público y a los responsables políticos sobre las consecuencias humanas del conflicto y la necesidad de respuestas humanitarias eficaces y sostenibles. Estas historias pueden ayudar a romper los estereotipos y los prejuicios contra las personas refugiadas y migrantes, promoviendo una mayor comprensión y solidaridad con ellas.

En última instancia, las historias de personas refugiadas y desplazadas ofrecen un poderoso testimonio para orientar las experiencias humanas sobre el conflicto entre Israel y Hamás, y destacan la necesidad urgente de encontrar soluciones pacíficas, sostenibles y basadas en los derechos humanos para acabar con el

sufrimiento y promover la paz y la
estabilidad en la región.

19. El papel de los recursos naturales y territoriales en la perpetuación de los conflictos.

El papel de los recursos naturales y territoriales en la perpetuación del conflicto entre Israel y Hamás es complejo y multifacético, con múltiples factores que contribuyen a la tensión y la inestabilidad en la región.

En primer lugar, el control de los recursos hídricos es una fuente importante de conflicto en la región. La escasez de agua es un desafío crucial en Oriente Medio, y el control de los recursos hídricos puede ser vital para la seguridad y el bienestar de una población. En territorios como Cisjordania y la Franja de Gaza, el control de los recursos hídricos por parte de Israel ha aumentado las tensiones, con acusaciones de discriminación en el acceso al agua y en la distribución de los recursos.

En segundo lugar, el control de los territorios es una fuente de conflictos persistentes. Israel mantiene un fuerte control sobre los territorios ocupados, incluidas Cisjordania y Jerusalén Oriental, mientras que Hamás gobierna la Franja de Gaza. Las disputas territoriales, incluidas las cuestiones relacionadas con las fronteras, los asentamientos ilegales y el derecho al retorno de los refugiados palestinos, siguen siendo cuestiones sin resolver que alimentan el conflicto.

Además, los recursos naturales, como el gas natural frente a las costas de Gaza, pueden ser un factor de controversia. Las disputas sobre la explotación de estos recursos y sobre los derechos de propiedad pueden aumentar las tensiones entre Israel y Hamás, complicando aún más la búsqueda de una solución pacífica al conflicto.

Los recursos naturales y territoriales actúan como palancas de poder y control para ambas partes involucradas en el conflicto. Su explotación y gestión influyen

en la dinámica del poder, el acceso a los
recursos y la calidad de vida de las
personas involucradas. Sin embargo,
mientras estas cuestiones sigan sin
resolverse y sean objeto de controversia,
seguirán alimentando la tensión y la
inestabilidad en la región.

Abordar las cuestiones relacionadas con
los recursos naturales y territoriales
requiere un enfoque multilateral y
cooperativo, que involucre a todas las
partes interesadas y tenga como objetivo
una gestión equitativa y sostenible de los
recursos y territorios compartidos. Solo
mediante el diálogo, la negociación y el
respeto de los derechos de todas las
comunidades involucradas podemos
esperar poner fin al conflicto y promover la
paz y la estabilidad duraderas en la región.

Los recursos naturales y territoriales están
en el centro del conflicto entre Israel y
Hamás y desempeñan un papel importante

en la perpetuación de las tensiones en la región de Oriente Medio.

Un aspecto crítico se refiere al control del agua, un recurso vital para la supervivencia humana y el desarrollo económico. En Oriente Medio, la gestión de los recursos hídricos ha sido históricamente objeto de controversias y conflictos. Israel controla gran parte de los recursos hídricos de la región, incluidos los acuíferos del río Jordán y Cisjordania. Este control ha provocado disparidades en el acceso al agua entre israelíes y palestinos, lo que ha alimentado el resentimiento y la tensión.

Además, el territorio en sí mismo es motivo de conflicto. Cisjordania, Jerusalén Oriental y la Franja de Gaza son todas zonas en disputa, e Israel extiende su soberanía sobre parte de estos territorios mediante la ocupación militar. Los asentamientos israelíes en Cisjordania han sido una fuente de tensión, ya que se consideran ilegales según el derecho internacional y socavan las perspectivas de una solución de dos estados.

Incluso los recursos naturales, como el gas natural, pueden alimentar el conflicto. El yacimiento de gas frente a la costa de Gaza ha sido objeto de disputas entre Israel y Hamás, con diferencias sobre quién tiene derecho a explotarlo y quién se beneficiará económicamente. Estas disputas complican aún más la búsqueda de una solución pacífica al conflicto y pueden llevar a una mayor tensión y violencia.

La falta de recursos y su distribución desigual tienen un impacto directo en las condiciones de vida de la población palestina y contribuyen a la pobreza, la desigualdad y la frustración. Esto, a su vez, puede alimentar sentimientos de injusticia y resentimiento hacia Israel y respaldar el apoyo a grupos como Hamás, que prometen luchar por los derechos y el bienestar del pueblo palestino.

Abordar eficazmente las cuestiones relacionadas con los recursos naturales y territoriales requiere un enfoque inclusivo y multilateral que tenga en cuenta las preocupaciones e intereses de todas las partes involucradas. Esto puede implicar negociar acuerdos sobre la gestión compartida de los recursos hídricos, la retirada de los asentamientos ilegales y llegar a un acuerdo sobre una solución de dos estados basada en las fronteras de 1967 con Jerusalén Oriental como capital compartida.

Sin embargo, la complejidad y la sensibilidad de estas cuestiones dificultan su resolución y requieren un compromiso continuo y un liderazgo político audaz por parte de todas las partes interesadas. Solo mediante un diálogo constructivo y una voluntad política genuina podemos abordar las raíces del conflicto y crear las bases para una paz duradera y una prosperidad compartida en la región.

En el contexto del conflicto entre Israel y Hamás, el papel de los recursos naturales y territoriales está intrínsecamente vinculado a la cuestión de la ocupación y el control de los territorios palestinos por parte de Israel. Este control también se extiende a los recursos naturales, como el agua y el suelo, que se han convertido en fuentes de tensión y conflicto.

El acceso al agua es uno de los principales problemas de conflicto en la región. Israel, a través de su autoridad militar y administrativa, tiene un control casi total de los recursos hídricos de Cisjordania, incluidos los acuíferos y ríos subterráneos. Este control se traduce en una distribución desigual de los recursos hídricos, ya que los israelíes tienen acceso a una cantidad significativamente mayor de agua que los palestinos. Esta disparidad crea graves dificultades para los palestinos, que a menudo se enfrentan a la escasez de agua y a restricciones en su acceso al agua potable.

Además, la expansión de los asentamientos israelíes en Cisjordania y Jerusalén Oriental es una fuente de tensión constante. Estos asentamientos se consideran ilegales según el derecho internacional y socavan las perspectivas de una solución de dos estados, ya que reducen el espacio disponible para un futuro estado palestino y crean divisiones territoriales que dificultan el establecimiento de una frontera definitiva entre Israel y Palestina.

La Franja de Gaza, con sus limitados recursos naturales y su altísima densidad de población, también es el centro de muchas disputas. El bloqueo impuesto por Israel ha limitado el acceso de la población de Gaza a recursos esenciales como alimentos, agua, energía y materiales de construcción. Esto ha provocado graves dificultades económicas y humanitarias, con consecuencias devastadoras para la población civil.

Al mismo tiempo, el control de los recursos naturales puede ser una fuente de poder y control para ambas partes. Por ejemplo, el yacimiento de gas natural frente a la costa de Gaza se ha convertido en objeto de controversia entre Israel y Hamás, y ambas partes buscan explotar este recurso para obtener ventajas económicas y políticas.

En conclusión, los recursos naturales y territoriales desempeñan un papel crucial en la perpetuación del conflicto entre Israel y Hamás, alimentando las tensiones y las disputas por los recursos de tierra, agua y energía. Abordar estas cuestiones requiere un compromiso serio con una solución política y negociada del conflicto, que tenga en cuenta las preocupaciones e intereses de ambas partes y que promueva la justicia, la dignidad y la seguridad para todos en la región.

En el contexto del conflicto entre Israel y Hamás, el papel de los recursos naturales y territoriales es crucial para comprender la compleja dinámica que alimenta las tensiones en la región de Oriente Medio. Los recursos naturales, incluidos el agua, la tierra y el gas natural, y el control de la tierra están en el centro de las disputas entre las dos partes involucradas en el conflicto.

El acceso y el control de los recursos hídricos son una fuente importante de conflicto en la región. El agua es un recurso precioso e indispensable para la vida y el desarrollo, y el control de las fuentes de agua se ha convertido en un objetivo estratégico para ambas partes. Israel controla la mayoría de los recursos hídricos de la región, incluidos los acuíferos y ríos subterráneos, y esto ha creado una disparidad en el acceso al agua entre israelíes y palestinos. Este desequilibrio en el acceso al agua ha generado graves dificultades para los palestinos, con una escasez crónica de agua y limitaciones en el suministro de agua para fines domésticos, agrícolas e industriales.

El control de los territorios es otro aspecto central del conflicto. Israel mantiene una ocupación militar de Cisjordania, incluida Jerusalén Oriental, y ha mantenido un bloqueo terrestre, marítimo y aéreo en Gaza desde 2007. Este control de los territorios palestinos ha provocado continuas violaciones de los derechos humanos, la demolición de viviendas palestinas, la confiscación de tierras y la construcción de asentamientos israelíes ilegales, todo lo cual alimenta las tensiones y dificulta la perspectiva de una solución de dos estados.

Además, la búsqueda y la explotación de los recursos naturales, como el gas natural frente a las costas de Gaza, se han convertido en objeto de controversia entre Israel y Hamás. Las reservas de gas podrían representar una fuente crucial de riqueza económica para la Franja de Gaza, pero la falta de un acuerdo entre Israel y Hamás sobre cómo explotar estos recursos ha provocado tensiones continuas y ha obstaculizado el desarrollo económico de la región.

En general, el control de los recursos naturales y territoriales es un factor clave para perpetuar el conflicto entre Israel y Hamás, alimentando las tensiones, socavando la confianza y obstaculizando el progreso hacia una solución pacífica y sostenible del conflicto. Abordar estos problemas requiere un compromiso serio con la justicia, la equidad y la dignidad para ambas partes involucradas, así como un diálogo constructivo y negociado que tenga en cuenta las preocupaciones e intereses de todas las partes interesadas.

Los recursos naturales y territoriales del conflicto entre Israel y Hamás representan un intrincado nudo de tensiones y conflictos que influyen profundamente en la dinámica de la región de Oriente Medio.

El control de los recursos hídricos es una fuente importante de controversia. En una región ya árida, el agua se ha convertido en un recurso precioso y escaso, y su control se ha convertido en una cuestión de seguridad nacional. Israel, con su superioridad militar y tecnológica, tiene un control casi total de los recursos hídricos, incluidos los acuíferos de Cisjordania. Este control se traduce en una disparidad en el acceso al agua entre israelíes y palestinos, con graves consecuencias para la población palestina, que a menudo sufre escasez de agua y restricciones en el acceso al agua potable.

El control de los territorios es otro aspecto crucial del conflicto. Israel mantiene una ocupación militar de Cisjordania y ha aislado la Franja de Gaza con un bloqueo terrestre, marítimo y aéreo. Este control territorial limita en gran medida la libertad de movimiento de los palestinos y afecta a todos los aspectos de su vida diaria, desde el acceso a los servicios de salud hasta la educación y el trabajo. Además, la expansión de los asentamientos israelíes en el territorio palestino ocupado se considera ilegal según el derecho internacional y socava la perspectiva de una solución de dos estados, lo que crea tensiones y provoca violencia sobre el terreno.

Los recursos naturales, como el gas natural frente a las costas de Gaza, son otro punto de controversia. Si bien las reservas de gas podrían proporcionar una fuente crucial de riqueza económica para la población de Gaza, las disputas sobre la explotación y la distribución de los ingresos han obstaculizado cualquier progreso significativo hacia la explotación sostenible de estos recursos.

A nivel mundial, el control de los recursos naturales y territoriales alimenta las tensiones, socava los esfuerzos de paz y perpetúa el ciclo de violencia y sufrimiento en la región de Oriente Medio. Abordar estos problemas de manera efectiva requiere un compromiso decidido con una solución política negociada que respete los derechos de ambas partes y promueva la justicia y la dignidad para todos en la región.

En conclusión, el control de los recursos naturales y territoriales es un elemento central del conflicto entre Israel y Hamás, con importantes implicaciones para la vida cotidiana de los pueblos involucrados y para las perspectivas de paz en la región de Oriente Medio. Abordar estas cuestiones requiere un compromiso genuino con el diálogo y la negociación, junto con un reconocimiento mutuo de los derechos y preocupaciones de ambas partes. Solo mediante un proceso inclusivo que respete los principios de la justicia y la dignidad humana podemos esperar poner fin al conflicto y construir un futuro de paz y prosperidad para todos en la región.

21. Reflexiones personales sobre la humanidad y la tolerancia en situaciones de conflicto.

Las reflexiones personales sobre la humanidad y la tolerancia en situaciones de conflicto son profundas y complejas, ya que nos enfrentamos al desafío de mantener nuestra compasión y comprensión incluso en las circunstancias más difíciles.
En primer lugar, es importante reconocer que el conflicto no hace que las personas sean menos humanas. Incluso cuando las acciones de los combatientes puedan parecer inhumanas, es esencial recordar que detrás de cada acción hay personas con sentimientos, esperanzas y sufrimiento. Mantener esta perspectiva humana puede resultar difícil, pero es fundamental mantener un sentido de empatía y compasión, incluso hacia aquellos con quienes no estamos de acuerdo.

La tolerancia, en particular, se vuelve crucial en tiempos de conflicto. Implica el respeto y la aceptación de las diferencias, a pesar de las diferencias políticas, religiosas o culturales. En situaciones de conflicto, la tolerancia puede ponerse a prueba, ya que las personas tienden a adherirse a sus convicciones con más fervor. Sin embargo, es precisamente en estos momentos cuando la tolerancia adquiere más importancia que nunca, ya que puede promover el diálogo, la comprensión mutua y, en última instancia, la paz.
Un aspecto fundamental de la reflexión personal es también la autoconciencia. Es importante cuestionar nuestras opiniones, prejuicios y privilegios, y entender cómo pueden influir en nuestra percepción del conflicto y de las personas involucradas. Ser conscientes de nuestras limitaciones y nuestras parcialidades nos permite estar más abiertos al diálogo y a construir puentes, en lugar de muros, entre las personas.

Por último, las situaciones de conflicto pueden brindar oportunidades para el crecimiento y la transformación personales. A través del desafío y la dificultad, podemos aprender a desarrollar una mayor resiliencia, compasión y comprensión. Estas experiencias pueden llevarnos a reflexionar sobre nuestros valores y prioridades en la vida, lo que nos impulsa a buscar formas más constructivas de abordar las diferencias y resolver los conflictos.

En última instancia, las reflexiones personales sobre la humanidad y la tolerancia en situaciones de conflicto nos invitan a reconocer nuestra humanidad común, a aceptar la diversidad y a comprometernos con una paz basada en la comprensión mutua y el respeto de los derechos humanos fundamentales. Solo mediante un compromiso colectivo con la tolerancia y la compasión podemos esperar construir un mundo más justo, equitativo y pacífico para todos.

En situaciones de conflicto, las reflexiones
personales sobre la humanidad y la
tolerancia pueden conducir a una profunda
introspección y a una comprensión más
rica de las complejidades del ser humano.
Uno de los primeros desafíos es mantener
la humanidad y la compasión incluso ante
las acciones más violentas e inhumanas. Es
fácil sentirse abrumado por las emociones
negativas generadas por los conflictos,
como la ira, el miedo o el resentimiento.
Sin embargo, es precisamente en estos
momentos cuando es esencial recordar
nuestra humanidad común y tratar de
entender las motivaciones y el sufrimiento
de los demás, aunque parezcan tan
diferentes a los nuestros.

Por lo tanto, la tolerancia se convierte en
un objetivo que debe perseguirse con una
determinación aún mayor. La tolerancia no
significa necesariamente aceptar las
acciones u opiniones de los demás, sino
respetarlos como individuos y reconocer su

derecho a la dignidad humana y a la libertad de expresión. En un contexto de conflicto, la tolerancia puede ser un puente hacia el entendimiento mutuo y el diálogo constructivo, elementos fundamentales para la búsqueda de soluciones pacíficas y duraderas.

Las situaciones de conflicto también pueden poner a prueba nuestra capacidad de mirar más allá de las diferencias y encontrar puntos de contacto con los demás. Esto puede requerir mucha empatía y comprensión, especialmente cuando las opiniones y experiencias son tan diferentes a las nuestras. Sin embargo, es precisamente a través de estos esfuerzos que podemos superar las divisiones y construir conexiones significativas que pueden ayudar a reducir las tensiones y promover la paz.
Por último, las reflexiones personales sobre los conflictos pueden llevarnos a considerar nuestro papel y nuestra responsabilidad a la hora de hacer frente a

las injusticias y promover un cambio
positivo. Aunque nos sintamos impotentes
ante la inmensidad de los problemas
relacionados con los conflictos, cada
pequeña acción cuenta. Podemos tratar de
educar a otros, difundir mensajes de paz y
promover la tolerancia en nuestra
comunidad y más allá.

En última instancia, las reflexiones
personales sobre la humanidad y la
tolerancia en situaciones de conflicto nos
invitan a explorar nuestra capacidad de
empatía, compasión y comprensión por los
demás. A través de un compromiso
continuo de mantener nuestra humanidad
y promover la tolerancia, podemos ayudar
a crear un mundo más justo, inclusivo y
pacífico para todos.

En contextos de conflicto, las reflexiones
sobre la naturaleza humana y la tolerancia
se vuelven aún más relevantes y complejas.
El conflicto en sí mismo pone a prueba
nuestros valores y nuestra capacidad de
tratar a los demás con compasión y

respeto, pero también puede brindar oportunidades para el crecimiento y la transformación personales.

Uno de los desafíos más importantes es mantener una humanidad intacta a pesar de las circunstancias adversas. Los conflictos a menudo traen consigo violencia, sufrimiento y pérdidas, lo que puede erosionar nuestra sensibilidad y compasión. Sin embargo, es precisamente en estos momentos críticos cuando debemos reafirmar nuestros valores humanos fundamentales y reconocer la dignidad y el valor intrínseco de cada ser humano, independientemente de su papel en el conflicto.

La tolerancia se vuelve crucial en un contexto de conflicto, ya que el respeto y la aceptación de las diferencias pueden ayudar a reducir las tensiones y promover la coexistencia pacífica.

Sin embargo, la tolerancia no significa necesariamente ser indiferente o aceptar pasivamente las injusticias. Por el contrario, puede significar reconocer las aspiraciones y los derechos legítimos de todos los grupos involucrados en el conflicto, incluso mientras nos esforzamos por encontrar formas constructivas de resolver las diferencias.

Las reflexiones personales sobre el conflicto también pueden conducir a una exploración más profunda de nuestra identidad y privilegios. Podemos preguntarnos cómo nuestras posiciones, nuestras experiencias y nuestro contexto social influyen en nuestras percepciones del conflicto y de las personas involucradas. Esta autorreflexión puede resultar incómoda, pero es esencial para desarrollar una mayor conciencia de nuestras parcialidades y entablar un diálogo más empático e inclusivo.

Por último, las situaciones de conflicto pueden brindar oportunidades para el crecimiento y la transformación personales. A través del desafío y la dificultad, podemos aprender a desarrollar una mayor resiliencia, compasión y comprensión. Estas experiencias pueden llevarnos a reconsiderar nuestros valores y prioridades en la vida, lo que nos impulsa a buscar formas más constructivas de abordar las diferencias y resolver los conflictos.

En conclusión, las reflexiones personales sobre la humanidad y la tolerancia en situaciones de conflicto nos invitan a reafirmar nuestros valores fundamentales de dignidad humana, compasión y respeto mutuo. Son un recordatorio de nuestra capacidad para superar los desafíos y comprometernos con un mundo más justo, inclusivo y pacífico para todos.

En última instancia, las reflexiones personales sobre la humanidad y la tolerancia en situaciones de conflicto nos empujan a explorar en profundidad los valores fundamentales que nos definen como seres humanos. Son un recordatorio constante de nuestra capacidad para mantener la compasión y la empatía incluso en las circunstancias más difíciles, reconociendo la dignidad intrínseca de cada persona involucrada en el conflicto. Estas reflexiones también nos invitan a reconocer nuestro papel y responsabilidad en la promoción de la tolerancia y el entendimiento mutuo, contribuyendo así a la construcción de un mundo más justo, inclusivo y pacífico para todos. A través del compromiso continuo de cultivar nuestra humanidad y promover la tolerancia, podemos esperar transformar los conflictos en oportunidades de crecimiento y cambio positivo, allanando el camino para una paz duradera y significativa.

En conclusión, el libro examinó minuciosamente el conflicto entre Israel y Hamás, explorando sus raíces históricas, sus causas inmediatas, sus estrategias militares, sus efectos en la población civil y sus implicaciones regionales e internacionales. Hemos analizado el papel de los recursos naturales y territoriales en la perpetuación de los conflictos, además de reflexiones personales sobre la humanidad y la tolerancia en situaciones de conflicto.

Para aquellos que desean profundizar aún más su comprensión del conflicto israelí-palestino, hay numerosos recursos disponibles en línea. Sitios web como Middle East Monitor (https://www.middleeastmonitor.com/) y Al Jazeera (https://www.aljazeera.com/) ofrecen una cobertura de noticias en profundidad y un análisis de las últimas noticias y acontecimientos en la región. Además, organizaciones como Amnistía Internacional (https://www.amnesty.org/) y Human Rights Watch (https://www.hrw.org/) proporcionan informes detallados sobre las violaciones de los derechos humanos en el contexto del conflicto.

Para quienes estén interesados en una perspectiva histórica más amplia, es recomendable consultar recursos como el sitio web del Consejo de Relaciones Exteriores (https://www.cfr.org/), que ofrece análisis en profundidad de la historia y la política del conflicto, junto con mapas interactivos y otras herramientas educativas.

Por último, para aquellos que deseen obtener más información sobre las iniciativas de paz y los intentos de resolver el conflicto, recomendamos consultar a organizaciones como Peace Now (https://peacenow.org.il/en) e International Crisis Group (https://www.crisisgroup.org/), que trabajan para promover la paz y la estabilidad en la región a través de la diplomacia y el diálogo.

Esperamos que este libro haya ofrecido una visión global del conflicto israelí-palestino y haya estimulado la reflexión y la comprensión de la complejidad de los temas involucrados.